Análise crítica das mídias e suas narrativas

Viviane Ongaro

O selo DIALÓGICA da Editora InterSaberes faz referência às publicações que privilegiam uma linguagem na qual o autor dialoga com o leitor por meio de recursos textuais e visuais, o que torna o conteúdo muito mais dinâmico. São livros que criam um ambiente de interação com o leitor – seu universo cultural, social e de elaboração de conhecimentos –, possibilitando um real processo de interlocução para que a comunicação se efetive.

EDITORA intersaberes

Rua Clara Vendramin, 58 | Mossunguê
CEP 81200-170 | Curitiba | PR | Brasil
Fone: (41) 2106-4170
www.intersaberes.com
editora@editorainterberes.com.br

Conselho editorial | Dr. Ivo José Both (presidente) | Dr.ª Elena Godoy | Dr. Nelson Luís Dias | Dr. Neri dos Santos | Dr. Ulf Gregor Baranow
Editora-chefe | Lindsay Azambuja
Supervisora editorial | Ariadne Nunes Wenger
Analista editorial | Ariel Martins
Preparação de originais | Mariana Bordignon
Edição de texto | Floresval Nunes Moreira Junior | Viviane Fernanda Voltolini | Natasha Saboredo
Capa | Charles L. da Silva (*design*) | Rampixel.com (imagens)
Projeto gráfico | Silvio Gabriel Spannenberg (*design*) | Rawpixel.com e Andrey_popov/Shutterstock (imagens)
Diagramação | LAB PRODIGITAL
Equipe de *design* | Silvio Gabriel Spannenberg | Charles L. da Silva | Luana Machado Amaro
Iconografia | Regina Claudia Cruz Prestes

Dados Internacionais de Catalogação na Publicação (CIP)
(Câmara Brasileira do Livro, SP, Brasil)

Ongaro, Viviane
    Análise crítica das mídias e suas narrativas/Viviane Ongaro. Curitiba: InterSaberes, 2018. (Série Mundo da Publicidade e Propaganda)

    Bibliografia.
    ISBN 978-85-5972-840-8

    1. Comunicação – História 2. Comunicação de massa – Aspectos sociais 3. Meios de comunicação 4. Mídia I. Título. II. Série.

18-19949   CDD-302.23

Índices para catálogo sistemático:
1. Mídia: Comunicação de massa: Sociologia   302.23

Cibele Maria Dias – Bibliotecária – CRB-8/9427

1ª edição, 2018.

Foi feito o depósito legal.

Informamos que é de inteira responsabilidade da autora a emissão de conceitos.

Nenhuma parte desta publicação poderá ser reproduzida por qualquer meio ou forma sem a prévia autorização da Editora InterSaberes.

A violação dos direitos autorais é crime estabelecido na Lei n. 9.610/1998 e punido pelo art. 184 do Código Penal.

Sumário

- 5   Apresentação
- 15   Como aproveitar ao máximo este livro

---

18   1 Um mergulho na história da comunicação
- 20   1.1 E o homem sentiu a necessidade de se comunicar...
- 27   1.2 A escrita mudou a história
- 32   1.3 Gutenberg e a revolução na transmissão do saber
- 38   1.4 Revolução Industrial e comunicação
- 41   1.5 Popularização dos jornais
- 46   1.6 A imagem nos torna imortais
- 52   1.7 O nascimento da sétima arte
- 55   1.8 Da imagem ao som
- 61   1.9 O surgimento de um poderoso meio de comunicação: a televisão
- 65   1.10 Dos "devaneios" de McLuhan à realidade virtual

---

74   2 Meios e seu poder como linguagem
- 76   2.1 Revendo conceitos
- 78   2.2 Comunicar é um processo
- 82   2.3 Meios e linguagem
- 88   2.4 Vitória do receptor da mensagem
- 93   2.5 Os meios e os sujeitos se adaptam à velocidade da informação
- 99   2.6 Os meios têm poder de manipulação?
- 104   2.7 Confiabilidade da mídia brasileira

115	**3 Linha editorial e poder de persuasão**
117	3.1 Força da persuasão
121	3.2 Jornalismo e sua teoria
125	3.3 Escolha da notícia
129	3.4 Linha editorial de um veículo
140	**4 Mídia e tecnologia mudam o olhar sobre a educação**
142	4.1 Do século XIX ao século XXI: será que a escola mudou?
148	4.2 Crise da escola tradicional
154	4.3 Educação na era da cultura híbrida
161	4.4 Novos sujeitos do universo escolar
167	4.5 Recepção e educação para os meios
180	**5 Mídia alternativa e mídia radical: será o princípio da liberdade?**
182	5.1 Cultura na sociedade contemporânea
184	5.2 Midiatização da cultura
186	5.3 Movimentos e fenômeno das redes
189	5.4 Mídia alternativa
192	5.5 Mídia radical
200	Para concluir...
203	Referências
213	Bibliografia comentada
220	Respostas
227	Sobre a autora

Apresentação

O ano era 1965. Humberto de Alencar Castelo Branco, o primeiro presidente da ditadura militar, e um dos principais articuladores do Golpe de 1964, instaurou o Ato Institucional n. 2, que abolia o pluripartidarismo e dava plenos poderes para o presidente cassar mandatos de deputados e instaurar a eleição indireta. A Rede Globo de televisão era inaugurada no Rio de Janeiro. Entretanto, outras emissoras já adentravam nos lares brasileiros com suas programações desde 1950, quando a televisão chegou ao Brasil.

Numa pequena comunidade rural do município de Colombo, Região Metropolitana de Curitiba, capital paranaense, uma família de comerciantes foi a primeira a ter condições financeiras naquela localidade humilde para comprar uma televisão, um aparelho revolucionário que, até então, só fazia parte da realidade de pessoas com alto poder aquisitivo. Esse equipamento tão desejado, tão poderoso e tão "assustador" transmitia som e imagem ao mesmo tempo por ondas eletromagnéticas. A impressão inicial daqueles moradores foi a de que o aparelho detinha o poder de "manter uma pessoa em seu interior". Sim, uma pessoa! Espantoso, não?

Como um dos equipamentos midiáticos que mais revolucionou a sociedade do século XX, em seus primórdios, a televisão causou espanto em pessoas acostumadas a receber até então informações apenas pelo jornal impresso e pelas transmissões de rádio. Imagine o impacto provocado numa comunidade que nem ao menos tinha água encanada ou luz elétrica. Naquela época, poucos moradores tinham esse "privilégio".

É perfeitamente compreensível que, para a atual geração, seja difícil entender por que esse equipamento que emitia imagem e som ao mesmo tempo causava tanto espanto, tanta revolução, não é verdade? Acostumado à era tecnológica e vivendo no universo da "aldeia global", conceito propagado por McLuhan, você talvez não consiga pensar em um mundo sem internet e sem telefonia celular e, principalmente, em televisão sem cor. Sim, as primeiras televisões só transmitiam em preto e branco.

Agora, imagine-se num dos episódios de *Star Trek*. Assim como apresentado no seriado criado por Gene Roddenberry, você é teletransportado para a década de 1960. Certamente, seria um grande choque cultural, não é mesmo? Afinal, qual sociedade você encontra? Provavelmente, não a sua sociedade! Quais costumes as pessoas dessa época têm? Quais hábitos, maneiras de viver? Como as pessoas se comportam? E a comunicação, como acontece? Os meios de comunicação fazem parte do dia a dia dessa sociedade?

Lembramos alguns fatos importantes que marcaram a história da humanidade nesse período. Os Estados Unidos lançaram seu primeiro satélite meteorológico, em 1960, e o russo Yuri Gagarin se tornou o primeiro homem a viajar pelo espaço, em 1961, a bordo da espaçonave Vostok 1. Os norte-americanos chegaram à Lua em 20 de julho de 1969, na missão Apollo 11, uma façanha acompanhada ao vivo pelos telespectadores. Um grande feito na época.

Outros fatos importantes da década estão relacionados à computação. Em 1960, a IBM lançou seu primeiro *chip* de computador, além do primeiro computador eletrônico com disco rígido, o RAMAC 305. Em abril de 1969, foi criada a ArpaNet, o embrião da internet. No mesmo ano, foi enviado o primeiro *e-mail* da história entre computadores localizados em áreas distantes. Já a primeira transmissão de imagens ao vivo aconteceu em 12 de julho de 1962.

No campo político e cultural internacional, essa década também foi marcada pela construção do Muro de Berlim, pelo movimento de contracultura[1], pelo lançamento do primeiro disco dos Beatles, pelo assassinato do presidente norte-americano J. F. Kennedy, pela Guerra do Vietnã e pelo fortalecimento do movimento *hippie*. No Brasil, merecem destaque o golpe militar e a utilização, pela primeira vez, durante a inauguração de Brasília, do *videotape*.

É muita informação, não é verdade? Mas esses acontecimentos nos ajudam a compreender as transformações sociais ocorridas ao longo das últimas décadas e, principalmente, a fazer a leitura crítica dos meios de comunicação de massa.

Então, retomemos a história daquela família de comerciantes da área rural mencionada no início deste texto. Suponha que você os está observando. Eles são sujeitos da década de 1960, período de todas as transformações que você relembrou há

---

[1] Movimento iniciado na década de 1960 que marcou e influenciou uma geração. Além de sociológico, foi um movimento revolucionário que envolveu valores e ideais.

pouco. Lembre-se de que agora você é um viajante do tempo numa sociedade a que você não pertence.

A primeira tarefa é analisar o local no qual vivem essas pessoas. Por ser um meio rural, as estradas são de terra batida. Os vizinhos moram em chácaras distantes umas das outras. A informação chega pelo sistema "boca a boca" ou por rádio. Como é uma área distante da capital, o acesso a jornais impressos é escasso. Além disso, poucos são alfabetizados. Portanto, nesse caso, o rádio é um veículo de comunicação menos excludente, barato e de fácil acesso a essa comunidade.

Há apenas um pequeno grupo escolar responsável pela educação das crianças da localidade. A educação da época é pautada pela cultura popular e pelas cartilhas fornecidas pelos governantes, cujo conteúdo a ser desenvolvido em sala de aula é de interesse de quem está no poder. A disponibilidade de material escolar é restrita. Os alunos costumam escrever em papéis de pão. Canetas e lápis são artigos de luxo.

Há apenas um telefone na localidade e este é propriedade de um órgão governamental instalado na região. Esse órgão, voltado à agricultura, emprega a maioria dos habitantes da localidade. O único "negócio", batizado popularmente também de *boteco* ou *mercearia*, pertence à família de comerciantes de nossa história, que conseguiu comprar seu primeiro aparelho de televisão. O estabelecimento é o principal ponto de encontro de pessoas do sexo masculino. Mulheres são proibidas de adentrar no local em determinados horários, a não ser em caso emergencial de compra de mantimentos para a casa.

No local, são vendidos desde aguardente até produtos de limpeza, fardos de tecidos, açúcar, trigo, café, fumo, doces para as crianças, sementes, veneno para plantações, querosene para abastecer os lampiões (muitas casas não dispõem de luz elétrica), ferramentas e utensílios para lavoura e outros produtos que antes só eram encontrados na capital.

Os momentos de lazer dessa comunidade são divididos em quermesses de igreja, saraus e bingos, partidas de futebol e, principalmente, visita entre os vizinhos. Todos os finais de tarde acontecem rodas de conversa na casa de alguém. Visitas são feitas por vários motivos: por cortesia; para ver algum doente; para conhecer algum novo membro da comunidade; para visitar uma mulher que acaba de dar à luz. O contato entre as pessoas é frequente. Além disso, os vizinhos costumam se reunir para ir às missas e, nas datas festivas, aos tradicionais churrascos de igreja.

As casas permanecem abertas durante o dia e a noite. Índices de violência? Não existem! Afinal, todos se conhecem na região. Quase não se fala em roupa da moda, tendências de decoração para as casas, novos cortes de cabelo, novas formas de colorir as unhas, produtos revolucionários para emagrecer. A propaganda também é reduzida e chega aos moradores apenas por rádio. Portanto, gastar com produtos supérfluos não é uma possibilidade. Normalmente, se algum dinheiro do salário sobra, é utilizado para adquirir novas terras.

Observe, essa sociedade vive em aparente tranquilidade e teoricamente longe do universo dos meios de comunicação. É um local em que as pessoas não têm contato direto com os produtos de mídia, com as tentações de compra, com as mudanças de comportamento social, com o mundo da moda, com tendências de móveis e decoração, roupas e estilos.

As pessoas estão acostumadas a tomar café com os vizinhos todo final de tarde. De repente, essa mesma sociedade se vê em um novo mundo. O mundo televisivo. O mundo no qual a magia se mistura com a realidade.

A chegada do tão sonhado aparelho causa rebuliço entre os moradores. Todos os vizinhos, curiosos para ver "pessoas dentro de um aparelho", se amontoam na pequena sala de estar da casa dos comerciantes. Ao contrário do que acontecia antes, com a troca de informação entre as pessoas, as visitas constantes e a predominância do diálogo, todos agora – encantados com a nova tecnologia – permanecem estáticos e em silêncio em frente àquele aparelho mágico e hipnotizador. Ninguém move um único músculo.

O importante agora não é conversar, mas acompanhar os programas famosos. As tardes de domingo, na Rede Record, de São Paulo, são marcadas pelo programa da *Jovem Guarda*, comandado por Roberto Carlos e seus amigos. Já a concorrente, Rede Globo, coloca no ar sua primeira obra de teledramaturgia: "Ilusões perdidas", que traz no elenco Leila Diniz e Reginaldo Faria.

Entre os reclames publicitários a Cica anuncia seu suco de tomate. O comercial da empresa é estrelado pelo comediante Ronald Golias, famoso pelo personagem Bronco do programa *A praça é nossa*. Jô Soares é garoto propaganda dos biscoitos Tostines. No setor automobilístico, os concorrentes Fusca e Variante tentam conquistar os consumidores com suas propagandas televisivas. Agora, o universo mágico da comunicação é uma realidade para aquela comunidade, antes afastada das novidades da vida moderna.

Tendo visualizado todos esses acontecimentos nessa viagem no tempo, você pode compreender as mudanças na relação entre as pessoas, na forma de ver o mundo, na maneira de adquirir produtos, no jeito de se comunicar. O choque cultural foi significativo. Já não havia mais a proximidade como antes. As conversas passaram a se resumir aos assuntos que estavam presentes nas novelas, nos telejornais, nos programas de auditório. Certamente as pessoas daquele pequeno universo rural se tornaram um pouco mais "egoístas".

Entretanto, a televisão não pode nem deve ser demonizada, como o fazem alguns estudiosos. Foi acompanhando mudanças culturais e sociais que esse veículo de comunicação trouxe à tona temas até então considerados tabus pela sociedade.

Machismo, divórcio, racismo, igualdade de gênero, direitos infantis, trabalho escravo, exploração sexual, violência doméstica, aborto, uso de drogas, prostituição, igualdade no mercado de trabalho e, mais recentemente, homossexualidade, casamento homoafetivo e nova constituição familiar são assuntos que só foram pautados pela sociedade a partir, principalmente, de sua divulgação pelos meios de comunicação. E, entre esses meios, a televisão tem papel fundamental.

Embora muito criticadas, as telenovelas apresentavam ao telespectador comum assuntos antes obscuros para a maioria da sociedade. Família, igreja e escola passam a dividir com os meios de comunicação orientações do cotidiano.

A violência contra mulheres, por exemplo, passou a ser muito debatida na época da exibição da novela "Mulheres apaixonadas"[2]. Inúmeras mulheres se identificaram com a personagem de Helena Ranaldi, que era constantemente espancada pelo marido, interpretado pelo ator Dan Stulbach. Muitas delas tiveram coragem de procurar ajuda após a exposição do problema em rede nacional por meio da teledramaturgia.

Entretanto, não nos interessa aqui apenas abordar os impactos que a televisão causou e causa na sociedade como um todo. A história da família de comerciantes e a transformação ocorrida em suas vidas e na sociedade à qual pertenciam com a chegada da TV serviu apenas de ponto de partida deste livro para analisarmos criticamente a mídia e suas narrativas. E por que analisar a mídia é tão importante? Porque, como afirma Hjarvard (2014, p. 15), "a cultura e a sociedade contemporânea estão a tal ponto permeadas pela mídia, que talvez já não seja possível concebê-la como algo separado das instituições culturais e sociais".

Nosso objetivo é analisar a evolução das mídias e sua relação com o processo comunicativo, observar e discutir como acontecem os discursos midiáticos verbais – presentes nas revistas e jornais – e as narrativas sonoras, visuais e digitais que tanto impactam a sociedade contemporânea.

A evolução da comunicação e o surgimento de novas tecnologias, em diferentes momentos da história, causaram mudanças significativas na forma de ver, pensar e agir de toda a sociedade. Sem sombra de dúvida, uma das mais notáveis invenções foi a prensa de Gutenberg. O que, nesta era, parece algo tão simples causou uma verdadeira revolução quando

---
[2] Novela de Manoel Carlos exibida pela Rede Globo no ano de 2003.

proporcionou o acesso ao conhecimento a pessoas de determinadas classes sociais.

Certamente, com o advento das tecnologias e a popularização da internet a partir da década de 1990, passamos a viver uma revolução comunicacional. Por incrível que pareça, essa realidade já havia sido descrita por um homem visionário. McLuhan, nos anos 1960, afirmava que os meios tecnológicos são a extensão do corpo humano. A roda, a extensão das pernas. A roupa, a extensão da pele. E o que McLuhan diria do celular, tão utilizado em nossa sociedade?

Em suas análises, McLuhan dizia ainda que a mensagem não pode ser reduzida ao conteúdo ou até mesmo à informação que o meio veicula. O poder de moldar, influenciar ou mesmo mudar a atividade humana não pode ser excluído (Santos, E., 2013). Portanto, segundo o autor, o meio é a mensagem. "Os suportes da comunicação e as tecnologias são determinantes na mensagem: os conteúdos modificam-se em função dos meios que os veiculam. O meio é a mensagem porque é o meio o que modela e controla a escala e forma das associações e trabalho humanos" (McLuhan, 1964, p. 33, tradução nossa).

Por essa razão, essas questões devem ser pensadas, analisadas e debatidas. No decorrer deste livro, refletiremos sobre os meios de comunicação de massa, suas linguagens e seu papel social num mundo conectado 24 horas por dia. Alguns questionamentos nos nortearão: Como podemos analisar o poder de linguagem das mídias? Elas mudam nossa forma de pensar? Isso é positivo ou negativo para a sociedade? Até que ponto os meios de comunicação podem mudar nosso sistema educativo? Como a comunicação está preparada para novos sujeitos mais críticos, pessoas que têm acesso à informação a todo o tempo?

Além de discutirmos o poder dos meios de comunicação e suas linguagens, bem como analisar a linha editorial dos meios de comunicação de massa, discorreremos sobre o novo receptor de mensagem, que agora é mais autônomo e crítico; um receptor que, segundo Wolton (2006, p. 33), "é o grande enigma da comunicação, um enigma cujo interesse é crescente com a globalização da informação e da comunicação".

Relacionaremos a comunicação e a educação, duas áreas intimamente ligadas a uma nova realidade sociocultural. Por fim, comentaremos as funções das mídias massiva e pós-massiva, analisando o fluxo de informação nas concessões do Estado e a ampliação da circulação de informações nas mídias alternativas.

Bons estudos!

Como aproveitar ao máximo este livro

Este livro traz alguns recursos que visam enriquecer o seu aprendizado, facilitar a compreensão dos conteúdos e tornar a leitura mais dinâmica. São ferramentas projetadas de acordo com a natureza dos temas que vamos examinar. Veja a seguir como esses recursos se encontram distribuídos no decorrer desta obra.

Conteúdos do capítulo:

- História da comuni[cação]
- Surgimento [...]
- Criação da p[...] a era tecnol[ógica]
- História da c[...] em socieda[de]
- Comunicaç[ão...]
- Informação: [...] linguagem.

Conteúdos do capítulo: Logo na abertura do capítulo, você fica conhecendo os conteúdos que nele serão abordados.

Para saber mais

No Brasil, emissoras de rádi[o...]
A lei que regulamenta a radi[...]
ser executado, todo serviço [...]
ser outorgado pelo Ministér[io...]
pela Agência Nacional de Te[lecomunicações...]

Quer saber mais sobre regulament[ação...]
vídeo do programa "Ver TV", produ[zido...]

TV BRASIL. Ver TV discute a regulação da [...]
www.youtube.com/watch?v=1jOUxiFwWb[...]

Para saber mais Você pode consultar as obras indicadas nesta seção para aprofundar sua aprendizagem.

Perguntas & Respostas

Os receptores de mensage[ns]
da comunicação, como afir[mar que são]
os responsáveis pelas mud[anças]
cação, principalmente o impresso[, que encon-]
tra-se em colapso?

Definitivamente, o surgimento das
novas tecnologias criaram um nov[o perfil]
da comunicação: um receptor de m[ensagens]
crítico e participativo. Já não é ma[is]

> **Perguntas & respostas** Nesta seção, o autor responde a dúvidas frequentes relacionadas aos conteúdos do capítulo.

Síntese

Síntese Você dispõe, ao final do capítulo, de uma síntese que traz os principais conceitos nele abordados.

Neste capítulo, você pôde aprend[er:]
- como a comunicação transfor[mou a] humanidade;
- como, em cada época, o home[m usou os] meios de comunicação para ga[rantir sua] espécie;
- de que forma os meios de com[unicação mudaram] caram o modo de pensar e agi[r;]
- os desdobramentos da cibercu[ltura.]

Questões para revisão

1) (Enade, 2015 – Comunicaç[ão)
   A alfabetização midiática [tem como]
   proposta desenvolver a ca[pacidade de]
   utilizar mídias, bibliotecas [e fontes]
   de informação como ferra[mentas de]
   expressão, o pluralismo, o [diálogo cul-]
   tural, que contribuem para o deb[ate e a]
   governança. Nos últimos anos, u[ma nova]
   valia para o aprendizado, dentro

> **Questões para revisão** Com estas atividades, você tem a possibilidade de rever os principais conceitos analisados. Ao final do livro, a autora disponibiliza as respostas às questões, a fim de que você possa verificar como está sua aprendizagem.

Estudo de caso

A seguir, lembramos um ca[...]
analisar a forma como são [...]
ticas. Vale ressaltar que ne[...]
mídia aborda os temas agr[...]
situações em que as coberturas jo[...]
veis pelo modo como promovem [...]

O caso Eloá, ocorrido em 2008, é [...]
longo sequestro em cárcere priva[...]
paulista. Um rapaz de 22 anos an[...]

> **Estudo de caso** Esta seção traz ao seu conhecimento situações que vão aproximar os conteúdos estudados de sua prática profissional.

1
Um mergulho na história da comunicação

Conteúdos do capítulo:

- História da comunicação.
- Surgimento da fala e invenção escrita.
- Criação da prensa gráfica e sua evolução até a era tecnológica.
- História da comunicação e mudanças na vida em sociedade.
- Comunicação: a percepção das pessoas.
- Informação: propagação e poder como linguagem.

1.1
E o homem sentiu a necessidade de se comunicar...

Reflita: Você conseguiria viver em total isolamento como um eremita? Seria possível se isolar dos amigos, dos parentes e, principalmente, deixar de usar seu aparelho de celular por um longo período, ficando praticamente sem comunicação alguma com o mundo? Impossível, não?! Pois bem. Desde que começou a viver em sociedade, o homem sentiu a necessidade de se comunicar, de trocar ideias, de compartilhar suas angústias e seus anseios, de melhorar sua forma de ver e viver o mundo.

Do que adianta alcançar algo até então inédito e não ter com quem dividir essa experiência? Ou de que vale, no mundo capitalista[1] no qual vivemos, adquirir o bem material tão desejado, mas não conseguir mostrá-lo a ninguém? Pensando nessas questões, é possível afirmar que dificilmente sobreviveríamos no isolamento total, sem nos comunicarmos com nada ou ninguém. Por essa razão, estudiosos e pensadores gastaram boa parte de seu tempo para compreender e comprovar que a comunicação e a vida em sociedade são inerentes ao homem.

O grego Aristóteles, que nasceu em 384 a.C., afirmou que o homem é um animal social que necessita de coisas e, principalmente, de outras pessoas para alcançar sua plenitude.

---
1 De acordo com Catani (2011, p. 7), na perspectiva culturalista (Max Weber), "o capitalismo se constituiu a partir da herança de um modo de pensar as relações sociais (as econômicas aí compreendidas) legada pelo movimento da Reforma na Europa: do protestantismo de Lutero e mais do calvinismo)". Na corrente histórica, associada a Karl Marx, o capitalismo é "determinado modo de produção de mercadorias, gerado historicamente desde o início da Idade Moderna e que encontrou plenitude no intenso processo de desenvolvimento industrial inglês" (Catani, 2011, p. 8).

Para comprovar o que disse, o filósofo distiguiu os seres em dois grupos: gregários (*koinonia*) e solitários (*mondai-a*).

Segundo Aristóteles (1997, p. 15):

> a cidade é uma criação natural, e o homem é por natureza um animal social, e que é por natureza e não por mero acidente, não fizesse parte de cidade alguma, seria desprezível ou estaria acima da humanidade [...]. Agora é evidente que o homem, muito mais que a abelha ou outro animal gregário, é um animal social. Como costumamos dizer, a natureza não faz nada sem um propósito, e o homem é o único entre os animais que tem o dom da fala. Na verdade, a simples voz pode indicar a dor e o prazer, os outros animais a possuem (sua natureza foi desenvolvida somente até o ponto de ter sensações do que é doloroso ou agradável e externá-las entre si), mas a fala tem a finalidade de indicar o conveniente e o nocivo, e portanto também o justo e o injusto; a característica específica do homem em comparação com os outros animais é que somente ele tem o sentimento do bem e do mal, do justo e do injusto e de outras qualidades morais, e é a comunidade de seres com tal sentimento que constitui a família e a cidade.

Entretanto, não apenas Aristóteles se debruçou sobre o tema. Saindo da Grécia Antiga e chegando ao século XX, deparamo-nos com o norte-americano Abraham Maslow[2] (1908-1970), que também abordou o assunto em seus estudos relacionados às necessidades humanas. Segundo o psicólogo, cada necessidade humana influencia na motivação e na realização do indivíduo (Maslow, 1968). Além das necessidades

---

[2] Nascido em 1908, nos Estados Unidos, Abraham Maslow foi referência na psicologia humanista. Descendente de russos e judeus, sua teoria mais famosa é a da hierarquia das necessidades, segundo a qual as necessidades fisiológicas estavam na base de outras: segurança, afetividade, estima e realização pessoal (Rez, 2016).

fisiológicas, de segurança, de *status* e de autorrealização, as necessidades sociais são fundamentais para o ser humano. O homem requer, por exemplo, amizade e socialização. Sem esses fatores tão importantes não conseguiria alcançar sua realização plena.

Entretanto, quando o ser humano começou a sentir a necessidade de se comunicar, de desenvolver sua linguagem? Em qual período da história e por qual motivo? Em que a comunicação mudou sua forma de viver em sociedade? Como a comunicação foi fundamental para deixar um legado histórico para outras gerações?

Oliveira (1999, p. 42) assinala que "é a necessidade de comunicação que impulsiona, inicialmente, o desenvolvimento da linguagem". Certamente, em algum momento da história, o homem percebeu que, para que a comunicação efetivamente acontecesse, o processo emissor-mensagem-receptor seria essencial. Somente esse sistema permitiria a troca de informações pelo grupo e a efetiva concretização da linguagem.

Jean-Jacques Rousseau (1712-1778), filósofo de origem suíça e um dos pensadores mais influentes da Revolução Francesa[3], acreditava que a linguagem humana teria evoluído gradativamente. No início, tratava-se de uma necessidade de expressar sentimentos, tendo adquirido, com o tempo, formas mais complexas. Rousseau dizia que a linguagem era uma característica social que diferenciava os homens dos outros seres

---

3 "A **Revolução Francesa** marcou o fim da Idade Moderna e foi um movimento social e político que ocorreu na França em 1789 e derrubou o Antigo Regime, abrindo o caminho para uma sociedade moderna com a criação do Estado democrático. Além disso, acabou influenciando diversos lugares no mundo, com os seus ideais de '**Liberdade, Igualdade, Fraternidade**' (*Liberté, Egalité, Fraternité*)" (Revolução Francesa, 2018, grifo do original).

vivos. Pela variedade das línguas conseguia-se diferenciar os homens entre si. Além disso, seria na formação da linguagem que o homem apresentaria sua maior característica de expressão. (Silva, 2014).

Para Rousseau (1989, p. 248), a linguagem começou apenas:

> Quando as ideias dos homens começaram a estender-se e a multiplicar-se, e se estabeleceu entre eles uma comunicação mais íntima, procuraram sinais mais numerosos e uma língua mais extensa; multiplicaram as inflexões de voz e juntaram-lhes gestos que, por sua natureza, são mais expressivos e cujo sentido depende menos de uma determinação anterior. Exprimiram, pois, os objetos visíveis e móveis graças a gestos, e aqueles que atingem a audição, graças a sons imitativos; mas, como o gesto só indica os objetos presentes ou fáceis de serem descritos e as ações visíveis, como o gesto não é de uso universal, porquanto a obscuridade ou a interposição de um corpo o torna inútil, e como o gesto mais exige do que excita a atenção, resolveram então substituí-lo pelas articulações da voz que sem ter a mesma relação com certas ideias são mais apropriadas a representá-las como sinais instituídos.

Para Gadotti (1985), o homem é um animal que fala e sua sociabilidade se baseia na linguagem. Trigueiro (2001) também acredita que já entre os primeiros seres humanos, a comunicação era vital para a convivência e a reprodução do grupo social.

Segundo o autor, a vida em sociedade está diretamente ligada ao complexo sistema comunicacional: "quanto mais organizada for uma sociedade humana mais complexos serão os seus sistemas de comunicação e mais complexa será a sua compreensão" (Trigueiro, 2001, p. 25).

Recordermos, então, alguns fatos históricos que corroboram com a ideia desses pensadores. Note que, no início, a comunicação se restringia a gestos, posturas, gritos e grunhidos. Não havia o domínio da linguagem verbal[4], apenas o domínio da não verbal. Embora o cérebro fosse rudimentar, já existia a percepção de que era necessário fortalecer a vida em grupo: caçar, coletar frutos para a prole, encontrar abrigo, proteger-se de predadores, liderar o bando, construir e utilizar ferramentas para melhorar as condições de vida em sociedade. O homem naturalmente devenvolveu mecanismos para interagir com os demais de sua espécie. Era uma questão de sobrevivência.

Para melhor situá-lo, leitor, usaremos como exemplo o Paleolítico[5], ou Idade da Pedra Lascada. Facas, arpões, lanças e flechas foram criados nesse período. A matéria-prima para a confecção desses objetos constituía-se de pedras, madeira, ossos e até chifres de animais. A caverna servia como moradia, um abrigo ideal em decorrência das baixas temperaturas registradas no planeta Terra naquele momento da história.

Em busca de alimento e em razão da falta de domínio das técnicas da agricultura, o homem desse período histórico era nômade. Grupos costumavam explorar as riquezas naturais de determinadas regiões e, em seguida, migrar para outras áreas que oferecessem recursos para garantir a subsistência do bando.

No início, pequenos grupos nômades se juntavam por laços de família. Passados 40 mil anos, a vida começou a evoluir e

---

[4] Constituída pelo uso da escrita ou da fala como meio de comunicação.

[5] Etapa mais antiga da Pré-História ou a mais antiga da evolução do homem. Teve início há aproximadamente 2 milhões de anos. Foi um período marcado pela evolução física do homem (*Homo sapiens*).

grupos maiores se formaram, constituindo uma espécie de sociedade, ainda que primitiva. Cada um ganhava um papel importante dentro da hierarquia social. Nessa nova sociedade, os homens eram responsáveis por prover ao bando caçando e construindo armas. As mulheres cuidavam das crianças, confeccionavam as roupas com peles de animais e coletavam frutos. Tudo era dividido. Tudo era compartilhado.

Nesse ponto, a história da humanidade aperfeiçoou sua forma de comunicação e, consequentemente, melhorou sua condição de sobrevivência. Entretanto, as novas experiências adquiridas de nada valeriam se não fosse possível repassar o conhecimento para as novas gerações, para aqueles que ainda estavam por vir. Então, como garantir a evolução da espécie?

Porque a linguagem verbal ainda não era utilizada como a conhecemos, certamente não seria possível repassar oralmente todo o conhecimento e acúmulo de experiências. Nem a escrita nem o papel tinham sido inventados e, obviamente, não poderiam ser usados naquele momento para garantir uma continuação do legado cultural. O homem se viu numa grande encruzilhada. Era preciso evoluir a maneira de se comunicar.

Assim, o ser humano percebeu que poderia, por meio das pinturas nas cavernas, transmitir conhecimento. Passar para outros de sua espécie uma herança cultural, mostrando o que já havia sido conquistado, passou a ser possível. Nasceu, então, a **pintura rupestre**, que nada mais é do que representações artísticas deixadas nas superfícies das cavernas no período da Pré-História.

Klein e Edgard (2004, citados por Justamand, 2014) explicam que a transmissão de conhecimento por meio das pinturas teria ocorrido até mesmo com certa facilidade: "As rochas, os lascamentos e as cores contribuíram para o desenvolvimento mental humano". Justamand (2015, p. 52) acrescenta que "As relações sociais teriam sido facilitadas por meio das inscrições rupestres, como uma das formas de comunicação criadas à época, por trazerem conhecimentos acumulados e transmitidos para as futuras gerações".

Surgiram as figuras de animais diversos. Entre mamutes e bisontes, o homem primitivo registrou sua vida cotidiana representando a caça, as danças, os rituais e as figuras de seus guerreiros. Pronto! Estava assegurado o registro do conhecimento adquirido até aquele momento. Caberia às novas gerações dar continuidade ou mesmo evoluir a partir do que já era sabido.

Agora, vamos dar um novo salto na história. Passemos do Paleolítico para o Neolítico, ou Idade da Pedra Polida, cuja duração se estendeu de 10000 a 6000 a.C. Nessa fase, o homem compreendeu que a natureza poderia ser utilizada a seu favor. A necessidade de caça e pesca diminuiu, pois era possível produzir o próprio alimento. Então, migrar para outros territórios não era mais essencial para a sobrevivência da espécie.

Morar em cavernas deixou de ser uma necessidade. A Terra sofreu transformações e o clima se tornou mais ameno. Já era possível construir algumas formas de moradia. Povoados se desenvolveram. A sociedade como a conhecemos começou a se estruturar e a se organizar. Surgiu a noção de propriedade privada. Iniciou-se a disputa por território e poder entre os povos. A troca de informações se tornou uma arma preciosa. O homem percebeu a importância da comunicação.

Após todas essas transformações sociais, culturais e econômicas, foi apenas ao final do período que a humanidade desenvolveu a escrita. Registrar negociações e acontecimentos cotidianos e até mesmo os fatos políticos se tornou uma prática necessária.

Com esse breve repasso histórico, pretendemos esclarecer como ocorreu o processo e evidenciar a importância da comunicação e do surgimento da linguagem para a sobrevivência e o desenvolvimento sociocultural da espécie humana. Certamente, você notou como a comunicação proporcionou transformações importantes na história da humanidade e que, sem esse processo, nossas chances de sobrevivência seriam mínimas.

Daremos continuidade a esse assunto na sequência para demonstrar que tudo fez parte de um sistema interligado e, assim, explicar com maior clareza os processos comunicacionais e interativos que acontecem na atualidade. Comentaremos não apenas sobre o processo de comunicação, mas também sobre seus meios, como poderosos instrumentos de socialização utilizados das mais diferentes formas, para o bem ou para o mal.

1.2 A escrita mudou a história

Ao longo da última seção, afirmamos que o ser humano sempre sentiu necessidade de se comunicar com seus pares. Isso sempre foi fundamental para a garantia da sobrevivência da espécie. A comunicação diminuiu fronteiras, auxiliou na melhoria da qualidade de vida dos povos e contribuiu para o desenvolvimento sociocultural da humanidade.

Milhares de anos passados, o ser humano deixou as cavernas e começou a viver em sociedade. Novas comunidades se formaram. Núcleos populacionais já não viviam em pleno isolamento. Outras necessidades haviam sido criadas. A prática da caça e da pesca foram substituídas pela agricultura. O comércio prevalecia. Tornou-se fundamental fazer intercâmbio com outros povos, a fim de trocar mercadorias, conhecer invenções, dominar os mares, conquistar novas terras, conhecer o mundo.

A história nos mostra que os **sumérios**, que habitavam a Mesopotâmia (região que corresponde hoje ao Iraque), foram responsáveis por criar um artifício organizado em sílabas dando significado ao que era transmitido verbalmente.
Isso ocorreu justamente no final do Neolítico. Considerado evoluído por deter o conhecimento da contagem numérica, esse povo abriu caminho para a criação do alfabeto.

O sistema de **escrita cuneiforme** era feito com auxílio de glifos em formato de cunha. Primeiro, surgiram marcas simples. Depois, a forma de escrita foi evoluindo para os **pictogramas**[6]. Como assinalamos até este ponto, essa forma de comunicação surgiu justamente de uma necessidade humana. Dessa vez, os sumérios precisavam encontrar uma maneira eficaz para fazer a cobrança de impostos, o registro de cabeças de gado e da produção de cereais.

---

6 Representações de objetos e conceitos traduzidos em uma forma gráfica simplificada.

Figura 1.1 Escrita cuneiforme

A invenção suméria foi tão significativa para a humanidade, na história da escrita e da evolução da comunicação, que outros povos, percebendo sua importância, acabaram utilizando durante longo período essa forma de escrita. Entre esses povos, estavam os acadianos, os babilônicos, os elamitas, os hititas e os assírios. Arqueólogos acreditam que esse tipo de escrita foi utilizado por aproximadamente três mil anos, inclusive por povos que eram considerados rivais.

Entretanto, as dificuldades eram enormes, tendo em vista que esse tipo de escrita se dava em tabuletas de argila e em sequência vertical. Normalmente as tabuletas eram marcadas com uma espécie de "caneta rudimentar" feita de estilete de cana. As tabuletas eram cozidas em fornos garantindo um registro permanente.

Imagine a dificuldade para armazenar todas essas tabuletas. E como garantir que o material não se perdesse ou se quebrasse? Essa foi uma das desvantagens encontradas nesse processo de armazenamento de dados. Seria necessário encontrar outra maneira mais prática e eficaz. Foi então que os egípcios resolveram essa questão.

Entre os **egípcios**, existiam duas formas distintas de escrita: a **demótica**, considerada mais simplificada; e a **hieroglífica**, mais complexa e formada por desenhos e símbolos. A escrita se tornou tão importante para o povo egípcio que as paredes das pirâmides eram marcadas por textos cujo conteúdo narrava a vida dos faraós. Ainda era comum o registro de orações e passagens da vida do monarca. As inscrições serviam também para afugentar saqueadores, que, muitas vezes, podiam se impressionar com o conteúdo registrado.

Os egípcios foram responsáveis pela utilização do papiro (*Cyperus papyrus*), uma planta encontrada geralmente às margens de rios da África e cujas fibras, quando entrelaçadas, resultavam em uma espécie de papel. Por ser mais flexível e leve, o papiro acabou sendo adotado por vários povos, como gregos, romanos, coptas, bizantinos, arameus e árabes.

Contudo, foi na Palestina, com a junção de todas essas formas de escrita (cuneiforme, pictográfica e de hieróglifos), que surgiu um alfabeto mais simples, com apenas 30 caracteres. Em 1000 a.C., o **alfabeto protocanaanita**, como ficou conhecido, sofreu novas transformações e, da redução para 22 caracteres, nasceu o alfabeto fenício[7].

---

[7] Os fenícios eram grandes mercadores e dominaram os mares ao comercializar seus produtos, inclusive sua mercadoria mais preciosa: o alfabeto. Acredita-se que o alfabeto grego seja baseado no fenício.

Já o alfabeto latino (o que utilizamos) surgiu por volta do século VII a.C. Os romanos adotaram 21 caracteres etruscos, escrevendo da direita para a esquerda. Somente mais tarde passaram a escrever da esquerda para a direita. Com a expansão do Império Romano e a difusão do cristianismo, esse alfabeto se tornou a forma de escrita mais popular da Europa.

Figura 1.2 Evolução do alfabeto

Alfabeto	Caracteres
Fenício	K ᕼ ㄱ △ ∃
Grego clássico	Α Β Χ Δ Ε
Grego atual	Αα Ββ Γγ Δδ Εε
Etrusco	A ᙠ) ◁ ∃
Latino	Aa Bb Cc Dd Ee

Algumas civilizações, embora dominassem outras formas de comunicação além da oral, davam preferência, em alguns aspectos da vida cotidiana, a essa forma de transmitir conhecimento. Na Grécia Antiga, por exemplo, a fala era mais valorizada do que o registro escrito. Discursos na assembleia de Atenas e peças teatrais, muitas ao ar livre, foram elementos importantes para os gregos. Até mesmo a *Ilíada* e a *Odisseia* eram poemas transmitidos oralmente (Briggs; Burke, 2016).

Muitos povos da Antiguidade mantinham o sistema do "boca a boca" quando queriam repassar alguma informação importante. No entanto, esse método pode resultar em grandes prejuízos, em decorrência de possíveis ruídos de comunicação (explicaremos isso nos próximos capítulos). É bem possível que a informação chegue ao destinatário de forma diferente de como havia sido produzida pelo emissor. Por vezes, acrescenta-se alguma informação, por vezes, omite-se outra.

Os mensageiros eram os profissionais encarregados de levar informações diversas. Assuntos referentes a comércio, falecimentos, casamentos, batizados, festividades e até informações de táticas de guerra – preciosas para exércitos – chegavam, muitas vezes, apenas oralmente.

Para nós, acostumados com a era da instantaneidade, na qual a informação está disponível em tempo real, é difícil imaginar que uma mensagem levasse dias, meses e até mesmo anos para chegar ao destinatário. Lembre-se de que não só os meios de comunicação eram escassos, mas também os meios de transporte. Longos caminhos eram percorridos a pé ou no lombo de algum animal.

Para os mensageiros, era uma verdadeira aventura entregar um simples recado. Não havia estradas em bom estado. Viagens geralmente eram feitas por trilhas em matas fechadas. Assaltos e ataques de povos inimigos eram comuns, sem contar o ataque de animais selvagens, as viagens em alto-mar em navios ou barcos em condições precárias etc. Portanto, era necessário evoluir para uma transmissão mais eficaz de informação.

1.3
Gutenberg e a revolução na transmissão do saber

Agora, chegamos a um ponto crucial da história da humanidade. Até aqui apresentamos a evolução na maneira de se comunicar. O homem sentiu essa necessidade ao longo de sua existência. Não havia outra saída para uma espécie que precisava garantir sua sobrevivência e a das próximas gerações. Vale, então, contarmos um pouquinho mais dessa história para que você entenda como ela se desenvolveu até o presente.

Na seção anterior, afirmamos que, o homem já conhecia e dominava a escrita. Transações comerciais podiam ser feitas e registradas. Não eram mais tabuletas de argila que armazenavam informações importantes sobre o cotidiano, mas o papel. Tudo se tornou mais fácil. No entanto, embora com vantagens múltiplas e inquestionáveis, ainda havia um grande problema: a disseminação em grande escala dos registros importantes do dia a dia da sociedade e, principalmente, do conhecimento adquirido.

Vários eram os fatores que impediam que, as informações chegassem à população como um todo. Por exemplos, eram poucos os privilegiados que podiam adentrar no vasto universo das palavras e do saber: apenas aqueles que detinham o poder – a nobreza e, principalmente, o clero – é que tinham esse direito. Aos plebeus, era praticamente impossível ter acesso a tais conhecimentos.

O inglês Peter Burke, um dos maiores estudiosos da atualidade sobre história da cultura, afirmou em entrevista à revista *Época* que:

> Informação é algo relativamente cru. Conhecimento, em relação à informação, é algo cozido, que teve tempo de ser processado. Processar significa verificar, classificar, sistematizar. Sabedoria é o produto final disso tudo. O conhecimento armazenado em livros e manuscritos já foi a forma mais prestigiada de saber. Naquela fase, havia uma forma de conhecimento dominante, e todos os outros ficavam subordinados a ela. (Burke, 2017)

O segundo fator refere-se à inexistência de equipamentos de impressão. Era um processo dificílimo reproduzir qualquer material em grande escala na época. Era necessário transcrever manualmente todos os textos. Isso levava muito tempo. Além disso, a garantia da a fidedignidade das informações era um problema a ser resolvido.

A impressão da Bíblia foi o que transformou boa parte da história da humanidade, alterando o modo de viver e de pensar da sociedade. O alemão Johannes Gensfleisch zur Laden zum Gutenberg (ca. 1398-ca. 1468), nascido na cidade de Mainz (ou Mogúncia), pertencia a uma família abastada para a época. Seu pai era funcionário da Casa da Moeda e ensinou ao filho ainda muito jovem o trabalho com metal.

Aos 31 anos, Gutenberg fez as primeiras tentativas de impressão com caracteres móveis. Entretanto, foi apenas aos 53 anos que conseguiu finalmente colocar em funcionamento um equipamento que revolucionaria o acesso ao conhecimento. A **prensa** inventada por ele foi utilizada inicialmente para a confecção da Bílblia. Surgiu assim, pela primeira vez, o termo *imprensa*, mais tarde utilizado para definir os veículos de comunicação de massa responsáveis por exercer o jornalismo.

Composta de 42 linhas distribuídas em duas colunas, cada página da Bíblia impressa por Gutenberg era feita à mão.
As páginas, por sua vez, eram montadas juntando-se as letras ou tipos. Depois, o material era prensado e ficava secando. Gutenberg teria conseguido imprimir 300 folhas por dia.
Ele produziu, então, aproximadamente 300 cópias com essa invenção. Hoje, restam apenas cerca de 40 delas.

Figura 1.3 Uma das Bíblias impressas por Gutenberg

Após o surgimento desse equipamento revolucionário, os livros, antes considerados caríssimos e inacessíveis para boa parte da população, passaram a ser de acesso público. Embora o invento tenha sido guardado a sete chaves por algum tempo (em razão de interesses de grupos que queriam manter a dominação total do conhecimento), em 1483, todos os países europeus já tinham pelo menos uma máquina de impressão.

As loas triunfais da invenção foram contrariadas pelo que se pode chamar de narrativas catastróficas. Os escribas, cujo negócio era ameaçado pela nova tecnologia, deploraram desde o início a chegada da impressão gráfica. Para os homens da Igreja, o problema básico era que os impressos permitiam aos leitores que ocupavam uma posição baixa na hierarquia social e cultural estudar os textos religiosos por conta própria, em vez de confiar no que as autoridades contavam. Para os governos, essas consequências [...] não deviam ser celebradas. (Briggs; Burke, 2016, p. 30)

Aproximadamente 50 anos após a primeira impressão feita por Gutenberg, os livros começaram a ser disponibilizados não apenas em latim, mas nos idiomas locais. A impressão serviu ainda para o estímulo à alfabetização. Afinal, com tantos exemplares à disposição e escritos na língua pátria, seria coerente que as pessoas se sentissem encorajadas e, principalmente, estimuladas a ler e a escrever.

O invento de Gutenberg foi tão significativo que serviu inclusive para alavancar o Renascimento e a Reforma Protestante.

O Renascimento foi um movimento cultural, artístico, econômico e político nascido na Itália nos séculos XIV e XV e que resultou na reformulação total da vida medieval, dando início à Idade Moderna[8]. A invenção da prensa foi de suma importância para o Renascimento. Com a possibilidade de impressão, ideias renascentistas puderam ser divulgadas de forma mais rápida, atingindo um número significativo de pessoas.

Encabeçada por Martinho Lutero (1483-1546), um monge agostiniano[9] do século XVI, a Reforma foi um movimento que questionou as práticas da Igreja Católica. E como o invento de Gutenberg auxiliou em todo esse processo?

---

[8] Período da história que se estende da tomada de Constantinopla pelos turcos otomanos (1453) até início da Revolução Francesa (1789).

[9] Membro da ordem religiosa católica que segue a linha de pensamento de Santo Agostinho.

Lembre-se de que, como comentamos, a Igreja, ao lado de monarcas e boa parcela da nobreza, era a principal detentora do conhecimento. E não apenas isso. A instituição também cobrava impostos e detinha poder político. A autoridade papal era inquestionável. Entretanto, algumas pessoas, inclusive membros da Igreja, começaram a se rebelar. Entre os "revolucionários", havia um padre chamado Martinho Lutero.

Lutero tornou-se o centro da Reforma Protestante ao publicar, em 1517, na porta da Igreja do Castelo de Wittenberg, suas 95 teses, nas quais divergia de pontos importantes da doutrina da Igreja Católica Romana. Excomungado, Lutero viu suas ideias serem distribuídas em escritos para alemães simpatizantes à causa reformista. Na ânsia de participar ativamente desse processo, boa parte da população se dedicou à prática da leitura. Além disso, a tradução da Bíblia para o alemão, feita por Lutero, incentivou ainda mais a alfabetização e fez proliferar o protestantismo na Europa.

Após percorrer todo esse período histórico, você pode perceber que a invenção de Gutenberg revolucionou a forma de viver, de pensar e de se comunicar da sociedade. O historiador francês Roger Chartier descreve a invenção da prensa como uma tecnologia tão revolucionária quanto o computador ou mesmo a reprodução digital da escrita. Para o autor:

> como, na longa história do livro e da relação ao escrito, situar a revolução anunciada, mas, na verdade, já iniciada, que se passa do livro (ou do objeto escrito), tal qual o conhecemos, com seus cadernos, folhetos, páginas, para o texto eletrônico e a leitura num monitor? [...] A primeira revolução é técnica: ela modifica totalmente, nos meados do século XV, os modos de reprodução dos textos e de produção dos livros. Com os caracteres móveis

e a prensa de imprimir, a cópia manuscrita deixa de ser o único recurso disponível para assegurar a multiplicação e a circulação dos textos. (Chartier, 1994, p. 185-186)

Entretanto, ainda há autores que questionam a invenção da impressão gráfica como agente principal de mudança social. Briggs e Burke (2016, p. 34), por exemplo, acreditam que: "Talvez seja mais realista ver a nova técnica – como aconteceu com outros meios de comunicação, em séculos posteriores (a televisão, por exemplo) – como um catalisador, mais ajudando as mudanças sociais do que as originando".

Para saber mais

Mesmo que o crédito da invenção da impressão no mundo ocidental tenha sido dado a Gutenberg, ele não foi o primeiro a usar um tipo móvel. Esse feito cabe ao chinês Bi Sheng, um plebeu que, em 1040, já havia inventado a primeira tecnologia conhecida por impressão de tipos móveis. Para complementar a leitura sobre o assunto, leia esta matéria:

GUTENBERG: primeiras impressões. **Superinteressante**. 31 out. 2016. Disponível em: <https://super.abril.com.br/historia/gutenberg-primeiras-impressoes/>. Acesso em: 30 ago. 2018.

1.4
Revolução Industrial e comunicação

O século XVIII foi marcado por grandes transformações na Europa. Até esse século, boa parcela da população ainda vivia nos campos. A produção artesanal era característica na sociedade. O trabalhador dominava a produção: era o responsável pelo plantio, pela colheita, pela confecção de materiais e até mesmo pela venda dos produtos produzidos artesanalmente.

Em países como Inglaterra, predominava essa forma de produção. Era comum a "indústria rural". Famílias de camponeses geralmente produziam alimentos para o próprio consumo, fiavam, teciam e tingiam tecidos. Rocas e teares de madeira eram os equipamentos usados na confecção de roupas de lã utilizadas pela família ou mesmo para serem vendidas por encomenda.

É importante destacar que a Inglaterra, mesmo apresentando essas características rurais, estava em pleno desenvolvimento. Nesse período, a situação política já era estável e o país começava a ganhar *status* de potência econômica internacional. Seu sistema bancário já estava definido e organizado. Havia ali uma rica burguesia. Além disso, seu território era banhado por portos naturais e rios navegáveis, o que facilitava a interligação entre regiões.

Na Inglaterra, também já existiam as manufaturas, ou seja, oficinas comandadas por artesãos – geralmente subordinados aos proprietários dos bens de produção. Esses trabalhadores conseguiam uma vaga de emprego após migrarem das áreas rurais para as cidades; afinal, o país vivia um período de grande êxodo da população do campo.

Na segunda metade do século XVIII, grandes invenções revolucionaram a produção, como as registradas no Quadro 1.1.

Quadro 1.1 Inventores e invenções da Revolução Industrial

Ano	Inventor	Invenção
1767	James Hargreaves	Máquina de fiar
1769	Richard Arkwright	Tear hidráulico
1769	James Watt	Máquina a vapor
1785	Edmund Cartwright	Tear mecânico

Essas invenções, porém, são marcos apenas da primeira etapa da Revolução Industrial. A segunda fase (1860 a 1900) é caracterizada pela industrialização de países como Alemanha, França, Rússia e Itália. Nesse período, a indústria começa a exploração e a utilização do aço, da energia elétrica e dos combustíveis.

E a terceira etapa da Revolução Industrial? Alguns historiadores costumam relacionar esse período aos avanços científicos e tecnológicos ocorridos no século XX (principalmente entre as duas Guerras Mundiais) e ao advento das tecnologias (computador e engenharia genética) do século XXI. Portanto, a Revolução Industrial ainda está em curso, principalmente para países em desenvolvimento, que estão experimentando o uso das novas tecnologias.

É possível que, neste ponto da obra, você esteja questionando: E qual é a relação de tudo isso com a comunicação? Muito simples. Desde o início, estamos discutindo a evolução do homem e suas descobertas para o desenvolvimento e a continuidade da espécie. Note que, a cada descoberta e invenção, as sociedades passam a ter um novo olhar sobre a forma de viver em grupo, de se adaptar às novas tecnologias e aos conhecimentos recém-adquiridos. Com a Revolução Industrial, esse processo não foi diferente.

Imagine quantas transformações sociais e econômicas abalaram o período. A vida não era mais pacata como a do campo. As relações de trabalho mudaram. Pequenos vilarejos não estavam mais isolados. Estradas cortavam as matas até então intransponíveis. Mercadorias passaram a ser fabricadas e transportadas em grande escala. As transações comerciais se intensificaram. Viajar para determinados locais já não era uma aventura, pois os meios de transporte contavam com um poderoso aliado: as locomotivas a vapor.

Então, a eletricidade foi descoberta. O recolhimento nas próprias casas ao entardecer foi substituído pelos passeios noturnos. A vida boêmia nos grandes centros urbanos se tornou uma realidade. Um contingente populacional crescia dia após dia. Esse novo cenário apontou para uma realidade inevitável: tornou-se essencial criar mecanismos que pudessem difundir a informação. Afinal, não se podia mais sobreviver em total isolamento. Certamente, as novas necessidades impulsionaram outro fenômeno que mudaria definitivamente a história: o surgimento dos meios de comunicação de massa.

Para saber mais

A primeira exposição tecnológica de que se tem notícia ocorreu em 1851, ou seja, durante a segunda fase da Revolução Industrial. O objetivo do encontro, que aconteceu na Inglaterra, foi apresentar o poder das máquinas que revolucionaram o mundo.

Quer saber um pouco mais sobre como a Revolução Industrial modificou a vida da humanidade? Então, assista a este filme:

TEMPOS modernos. Direção: Charles Chaplin. EUA, 1936. 83 min.

1.5
Popularização dos jornais

O educador inglês Samuel Hartlib (1600-1662), apoiador de diversas iniciativas de reformas sociais e culturais na Europa, escreveu, em 1641, que "a arte da impressão disseminará tanto conhecimento que as pessoas comuns, sabedoras de seus direitos e liberdades, não serão governadas de forma opressora" (Briggs; Burke, 2016, p. 29).

Certamente, como bem apontam os autores Briggs e Burke (2016), o advento dos jornais em pleno século XVII, após a criação da prensa por Gutenberg, e, consequentemente, a possiblidade da divulgação de informações em grande escala, aumentaram a ansiedade sobre os reais efeitos da popularização desse novo meio de comunicação.

Ao mesmo tempo que viam nos jornais a oportunidade de divulgar seus feitos e aumentar sua popularidade perante as massas, os governantes reconheciam que esse instrumento também poderia ser ameaçador em muitas situações. A primeira lei criada para proteger a liberdade de imprensa surgiu apenas em 1766, na Suécia. Até então, poderosos costumavam fiscalizar e proibir a divulgação de conteúdos que não fossem de seu interesse, uma prática muito comum até hoje e adotada principalmente por governos ditatoriais. Como alerta Arendt (1989, p. 390):

> O totalitarismo e autoritarismo possuem suas bases na grande massa. É nela que o regime busca legitimidade e apoio para suas ações. E para ser conquistada, há a necessidade de uma imensa propaganda governamental. Essa propaganda está sempre aliada ao uso da violência e do terror. Quando o totalitarismo detém o controle absoluto, substitui a propaganda pela doutrinação e emprega a violência não mais para assustar o povo, mas para dar realidade às suas doutrinas ideológicas e às suas mentiras utilitárias.

Voltando à história do jornal impresso, embora tenha se popularizado apenas a partir do século XVII, esse meio de comunicação é muito mais antigo. Além disso, seu poder como linguagem foi reconhecido bem antes desse período, justamente por governantes que dispuseram do poder de alcance do veículo para divulgar suas ações e fazer suas propagandas.

Já em 59 a.C., o então cônsul Júlio César (100 a.C-44 a.C) havia percebido no jornal um instrumento de comunicação poderoso que auxiliaria na divulgação de acontecimentos sociais e políticos ao povo romano. Escrito em placas brancas de papel e madeira e exposto em locais públicos de grande circulação, o *Acta Diurna* foi o primeiro jornal de que se tem registro na história. Esse veículo noticiava até mesmo execuções.

Para muitos historiadores, Júlio César não foi apenas um grande general e comandante, mas, sobretudo, um habilidoso profissional de *marketing*. Suas conquistas eram relatadas no *Acta Diurna*. Acredita-se que nesse período surgiram os primeiros profissionais de jornalismo, os quais, na época, se denominavam *correspondentes imperiais*.

Os textos do *Acta Diurna* eram transportados a pé ou a cavalo. Por isso, levavam dias ou até mesmo semanas para chegar às cidades. Era comum que as pessoas só soubessem de determinados assuntos muitos dias depois, quando as notícias já estavam ultrapassadas.

Por se tratar de um veículo oficial do governo, nunca havia publicações negativas, de derrotas ou mesmo de escândalos envolvendo pessoas públicas. Isso causa alguma estranheza?

Retornando ao século XVII, período da popularização do jornal, podemos analisar o contexto no qual se inseria aquela sociedade. Graças à burguesia em ascensão e a suas necessidades de informação, esse veículo de comunicação de massa surgiu com força total em países como França, Bélgica, Alemanha e Inglaterra.

Pela dificuldade de obter informações – uma vez que não havia agências de notícias na época –, a maior parte dos fatos informados se referia à Europa (e raramente à América ou à Ásia). Como acontece hoje com determinados jornais, como o tradicional *The Sun*, escândalos envolvendo a família real britânica eram comuns nas páginas de notícias, além de informações sobre a guerra.

Apenas na segunda metade do século XVII é que notícias locais passaram a ganhar notoriedade. Entretanto, o controle editorial continuava rigoroso. Não podiam ser noticiadas informações que incitassem o povo contra aqueles que estavam no poder. Apesar dessa determinação, alguns veículos tentavam dar seus "furos de reportagem"[10]. Um exemplo foi a tentativa de noticiar a decapitação de Charles I no fim da Guerra Civil inglesa[11].

Uma das grandes revoluções para o jornal impresso aconteceu em 1844. A invenção do telégrafo permitiu que mensagens fossem transmitidas a grandes distâncias. Isso transformou a imprensa escrita. Entretanto, foi a partir do século XIX que o jornal se tornou o principal veículo de comunicação da sociedade. Verdadeiros impérios editoriais se formaram entre o período de 1890 e 1920 – um sucesso primeiramente ameaçado pela chegada do rádio (assunto que abordaremos adiante).

---

10 Notícias dadas em primeira mão, com exclusividade, por um veículo de comunicação.

11 Ocorreu durante a Revolução Inglesa e foi marcada por uma guerra civil entre os partidários da monarquia e os partidários do Parlamento.

Outro fator interessante a ser analisado é que, até a chegada da informatização às redações na década de 1990, a apuração dos fatos era mais demorada. Informações chegavam por fax ou telefone. Embora mudanças na parte gráfica e de diagramação atraíssem o leitor, o processo era trabalhoso e dependia de um número significativo de profissionais. No decorrer dos anos, as fotos em preto e branco foram substituídas por imagens coloridas. A linguagem se tornou mais popular. Foram criados seções e infográficos, e foi aberto espaço ao leitor.

Foi então que a informatização chegou às redações com força total. No entanto, com ela, veio a redução de leitores do jornal impresso. Necessidade de rapidez na informação, leitor mais crítico e com uma visão de mundo diferenciada, notícias disponibilizadas em tempo real e chegando ao receptor pelo celular, concorrência no universo das imagens, dificuldade de dar informação em primeira mão são algumas das angústias vivenciadas pelos profissionais de jornalismo impresso nas redações.

Alguns acreditam que esse meio está com os dias contados em razão das novas tecnologias (comentaremos esse assunto adiante), que ganharam grande espaço durante a transição do século XX para o XXI, tornando a forma de disponibilizar conteúdo e a instantaneidade de informação incompatíveis com o velho jornalismo impresso. Então, transformar o jornal impresso em *on-line* seria a única saída?

A verdade é que essa discussão ainda está longe de acabar e deve ganhar novos capítulos. Na contramão dessa tendência, pesquisas revelam, acima de tudo, o imenso poder dos jornais, sejam impressos, sejam *on-line*. Encomendada em agosto de 2016 pela Secretaria de Comunicação da Presidência da República ao Ibope, uma pesquisa "aponta que os jornais impressos estão na liderança de confiança dos brasileiros como meio de comunicação. O percentual de entrevistados que disseram que confiam sempre ou muitas vezes nas notícias publicadas em jornais é de 59%. Rádio e televisão têm 57% e 54%, respectivamente" (Jornais..., 2017).

Para saber mais

Para saber mais sobre a revolução da impressão gráfica, sugerimos a leitura de:

BRIGGS, A.; BURKE, P. A impressão gráfica em seu contexto. In: _____. **Uma história social da mídia**: de Gutenberg à internet. Rio de Janeiro: Zahar, 2016. p. 27-84.

1.6
A imagem nos torna imortais

Uma invenção que parecia captar a essência da alma humana causou espanto, curiosidade e temor ao mesmo tempo. Ao longo de 177 anos de existência, a arte da fotografia sempre teve como característica não só imortalizar um momento, mas também contribuir para mudar o olhar do mundo sobre determinado acontecimento, objeto de desejo, realidade social, econômica ou cultural.

Muito se discute sobre quem é o verdadeiro responsável por tal invenção. No entanto, dois nomes se destacam: o do francês Joseph Nicéphore Niépce (1765-1833) e o de seu conterrâneo Louis Jacques Mandé Daguerre (1787-1851).

Desde o início do século XIX, muitos inventores sonhavam em criar algo que capturasse as imagens sem que fosse necessário o uso da pintura. Em 1793, o inventor Niépce conseguiu uma proeza até então inimaginável. O oficial do exército francês passava uma temporada em Cagliari, comuna italiana localizada na Sardenha, quando conseguiu, sem o emprego de tinta, "imprimir" a luz em uma superfície. Para o feito, utilizou uma câmara escura e um tipo de papel com cloreto de prata. Apesar de todo o esforço, as imagens desapareciam em poucos minutos. Niépce batizou tal processo fotográfico de *heliografia* (que significa "escrito pelo sol").

Apenas em 1826 o inventor, enfim, conseguiu fixar uma imagem. Foram necessárias oito horas para alcançar tal feito. Utilizando betume branco e deixando o material exposto, captou a imagem do próprio quintal. Esse foi o primeiro registro fotográfico da história.

Figura 1.4 Primeira imagem fixada por Joseph Niépce

Os inventores da época trabalhavam de forma isolada e havia pouca troca de informações sobre as descobertas. Entretanto, a notícia do feito de Niépce causou curiosidade em Daguerre. Ao estudar os métodos do compatriota, este, teve, a ideia de criar um mecanismo que se tornasse acessível até mesmo para aqueles que não detinham o conhecimento da arte fotográfica, mas desejavam capturar imagens.

Com apoio do governo francês, ele criou o **daguerreótipo**, uma máquina fotográfica rudimentar. O invento foi apresentado publicamente em 1839 e declarado como de domínio público. Entretanto, apenas as famílias ricas tinham acesso à invenção. Para os menos favorecidos, era mais barato pagar uma pintura do que tirar uma fotografia.

Assim como todas as tecnologias desenvolvidas ao longo da história da humanidade, a fotografia teve forte influência em vários segmentos da sociedade. Nas artes plásticas, o novo invento acalentou fortes discussões. Os antigos retratos pintados a óleo foram substituídos pela instantaneidade da captura de imagens com a máquina fotográfica. Até mesmo a decretação da morte da pintura foi colocada em pauta.

O fato é que, ao ser criada, a fotografia libertou muitos artistas e permitiu novas formas de expressão. Uma das correntes artísticas a se apropriar da fotografia foi o impressionismo, movimento das artes plásticas na França do final do século XIX. Entre seus expoentes estão os artistas Paul Cézanne (1839-1906), Edgar Degas (1834-1917), Claude Monet (1840-1926), Camille Pissarro (1830-1903) e Pierre-Auguste Renoir (1841-1919).

Para os impressionistas, que pintavam quadros em diferentes horários do dia, a fotografia foi essencial. Como estudiosos dos efeitos ópticos, utilizavam frequentemente os recursos fotográficos em seus trabalhos.

Depois de Daguerre, outros inventores aperfeiçoaram o método. Confira no Quadro 1.2 quem são e quais foram seus feitos.

Quadro 1.2 Aperfeiçoamento da fotografia

INVENTOR	O QUE FEZ?
Frederick Scott Archer (1813-1857)	Melhorou a resolução das imagens usando emulsão de colódio úmido e barateou o custo de produção de cada fotografia.
Félix Nadar (1820-1910)	Captou imagens aéreas e foi um dos primeiros donos de estúdio de retratos.
Adolphe Disdéri (1819-1889)	Criou um método de captura e impressão (Carte-de-visite) que barateava os custos e foi um dos responsáveis pelo sucesso mundial da fotografia de retrato.
James Clerk Maxwell (1831-1879)	Apresentou, em 1861, o primeiro método de fotografia colorida. Obtida pelo uso de três negativos, essa técnica serviu de inspiração para outros pesquisadores.
Mathew Brady (1822-1896)	Juntou uma equipe para, pela primeira vez, fotografar cenas de guerra. Aproximadamente 7.000 negativos da Guerra Civil Americana foram feitos entre 1861 e 1865.
Louis Ducos du Hauron (1837-1920)	Pesquisou e desenvolveu técnicas de fotografia colorida. Publicou um dos primeiros livros sobre o assunto.
Richard Leach Maddox (1816-1902)	Inventou o método de fixação das imagens usando uma suspensão gelatinosa, que substituiria a emulsão de colódio úmido, criando as primeiras chapas secas, simplificando o processo de revelação.

Fonte: Elaborado com base em Nemes, 2014.

A partir do momento em que as fotografias puderam ser reveladas, houve o crescimento desse mercado. Em 1880, o jovem George Eastman (1854-1932) percebeu o impacto que a captura e, principalmente, a impressão de imagens causavam na sociedade. Ao inventar o filme de rolo, o norte-americano fundou a Kodak. Com apenas 24 anos, o empresário conseguiu popularizar a máquina fotográfica, barateando os custos tanto do equipamento quanto dos rolos de filme e da revelação.

Briggs e Burke (2016) lembram que Eastman imaginou no nome *Kodak* um termo que todos podiam lembrar, inclusive em outros idiomas. Ele criou o *slogan*: "Você aperta o botão, nós fazemos o resto".

> Tal como os discos de fonógrafo, os instantâneos da família podiam ser usados como registro, recordando eventos que aconteceram ao longo do tempo, enquanto engenheiros e arquitetos eram capazes de inspecionar uma obra em andamento e artistas podiam economizar tempo gasto em esboços antes de pintarem. (Briggs; Burke, 2016, p. 211)

A Kodak foi uma das maiores empresas do ramo de fotografia analógica no mundo. Chegou a dominar, em 1976, 90% do mercado de venda de filmes e 85% de câmeras nos Estados Unidos. Entretanto, o mercado fotográfico mudou. O concorrente não era mais a empresa que vendia rolos de filme a preço mais acessível ou que oferecia máquina fotográfica de qualidade a um preço menor. O concorrente era ainda mais assustador, pois cabia na palma das mãos e podia produzir uma fotografia de ótima qualidade e de forma instantânea.

Assim, os *smartphones* modificaram o universo da fotografia no final do século XX. A era tecnológica e seus equipamentos foram responsáveis não apenas pela mudança na forma como se fotografa, mas também pela atualização dos motivos pelos quais se produz tal fotografia. Sem contar que não é mais necessário revelar o material. Basta, num simples toque, verificar como a fotografia foi produzida, excluí-la, repeti-la, trocar de ângulo, mudar a cor, editá-la e compartilhá-la nas redes sociais. Isso numa fração de segundos.

Jenkins, Green e Ford (2014) examinam as decisões que cada um de nós toma quando decide passar adiante ou não textos de mídia, receitas, vídeos e até mesmo fotografias.

O impacto da transformação foi tanto que, em 2012, a Kodak foi obrigada a se adaptar à nova realidade. Já não havia mais necessidade de impressão das imagens. Além disso, os equipamentos fotográficos foram substituídos pelos celulares, que fazem a mesma função. As câmeras, então, deixaram de ser fabricadas. Cerca de 1.100 patentes relacionadas à fotografia digital foram vendidas.

Com uma nova visão empresarial, os dirigentes da Kodak optaram por firmar parcerias com outras empresas para o lançamento de *smartphones*. O Kodak Ektra, lançado em 2016 e licenciado pela Bullitt Group, tem como diferencial um aplicativo de impressão. Essa foi a forma encontrada pela empresa para tentar disputar uma fatia de mercado que hoje conta com muitos e fortes concorrentes.

O vice-presidente da Kodak, Guilherme Lella, reconhece o poder dessa nova forma de captar imagens e acredita que é um caminho irreversível. "Com o advento do smartphone, nunca houve tantas câmeras nas mãos das pessoas. [...] As fotos estão nos smartphones hoje e estarão lá também no futuro" (Agrela, 2016).

1.7
O nascimento da sétima arte

Em 1895, o mundo já estava encantado com a possibilidade de captura e impressão de imagens. Após muitos processos de investigação sobre os fundamentos da ciência óptica, finalmente, os irmãos franceses Louis Lumière (1864-1948) e Auguste Lumière (1862-1954) deram vida à sétima arte[12]. Em 28 de dezembro de 1895, conseguiram realizar a primeira exibição pública de uma imagem em movimento. Em Paris, cerca de trinta pessoas pagantes puderam assistir à primeira exibição no Grand Café.

Eles criaram o **cinematógrafo**, que era, ao mesmo tempo, uma máquina de filmar e um projetor de imagens. Sob o título *Sortie de l'usine Lumière à Lyon* (Saída da fábrica Lumière em Lion), o primeiro registro cinematográfico tinha 45 segundos de duração.

Mesmo com o sucesso da nova invenção, os Lumière não acreditavam no valor comercial da descoberta. Para eles, o cinematógrafo serviria apenas de experimento científico.

Embora os irmãos tenham colhido os louros da invenção, sabe-se que antes da exibição no Grand Café, mais precisamente em 1º de novembro de 1895, os também irmãos Max Skladanowsky (1863-1939) e Emil Skladanowsky (1866-) fizeram, em Berlim, uma exibição de 15 minutos em um sistema de produção de filmes batizado de *bioscópio*

---

[12] Termo cunhado em 1911 por Ricciotto Canuto, teórico e crítico do cinema que almejava desmistificar a ideia de que o cinema era um espetáculo para as massas. Segundo Canuto, o cinema é uma arte "síntese", uma arte total, que concilia todas as outras artes. Dessa forma, considerava o cinema como a Sétima Arte em consonância com as demais: música; pintura; escultura; arquitetura; poesia; e a dança (Por que o cinema..., 2017).

(dispositivo de projeção desenvolvido com lanternas mágicas de dupla lente). Essa teria sido a primeira exibição de cinema registrada na história.

O feito gerou uma polêmica entre o jornal alemão *Der Komet*, que atribuiu a invenção aos irmãos Skladanowsky, e os jornalistas franceses, que diziam que a invenção era obra dos irmãos Lumière. Polêmicas à parte, o fato é que a invenção do cinema se tornou uma fonte de entretenimento poderosa utilizada ora para educar, ora para doutrinar.

O cinema pode ser dividido em duas fases. A primeira corresponde ao período de 1895 a 1907, o cinema de atrações. Nessa fase, as gravações mostravam fatos do cotidiano. De 1907 a 1915, aconteceu a segunda fase, o período de transição.
O cinema passou a ter perspectivas de narração. Histórias de personagens começaram a ser contadas. Havia ali uma narrativa literária.

A indústria de entretenimento ganhou força a partir de 1910, quando passou a ter forte apelo comercial. No entanto, o público continuava com dificuldade de interpretar a linguagem e as passagens temporais das cenas.

O cinema se tornou uma das grandes manifestações lúdico--artísticas da era contemporânea. Sua popularidade conquistou todas as classes sociais. Para Duarte (2002, p. 17), o "homem do século XX jamais teria sido o mesmo se não tivesse tido contato com a imagem em movimento". Assim, o cinema criou novas formas de ver e entender o mundo.

No entanto, a sétima arte – tão difundida e amada por muitos – já foi utilizada para fins obscuros. Inclusive para propaganda política. Governos – principalmente os totalitários – perceberam o impacto desse meio de comunicação e passaram a utilizá-lo com interesses escusos, criando departamentos de censura para regular a produção cinematográfica e exibir conteúdos que lhes fossem favoráveis.

Os primeiros a utilizar a propaganda com objetivos políticos foram os norte-americanos. Durante a Guerra Hispano-Americana, datada de 1898, os governantes estadunidenses utilizavam esse subterfúgio para convencer a população sobre os "benefícios da guerra".

Os ingleses, por sua vez, utilizaram a propaganda para os mesmos fins em 1901, durante a Guerra dos Bôeres, que durou de 1899 a 1902. Entretanto, foi durante a Primeira Guerra Mundial (1914-1918) que os líderes políticos perceberam a influência da propaganda difundida pelo cinema nas massas.

Durante a Segunda Guerra Mundial (1939-1945), por exemplo, os regimes nazifascistas criaram propagandas reproduzidas para o cinema. Nas grandes telas, pelas mãos de hábeis comunicadores, mentiras foram contadas, doutrinas foram forjadas, sociedades foram convencidas das "vantagens" da guerra e povos foram massacrados com o aval de muitos cidadãos considerados "pessoas de bem".

Entre os líderes totalitários, nenhum soube utilizar com tanta destreza o cinema como Adolf Hitler (1889-1945). Com a perspicácia e o olhar comunicativo de seu ministro da propaganda, Joseph Goebbels (1897-1945), Hitler fez a propaganda nazista estar presente e ser disseminada pelas artes plásticas, pela música, pelo teatro, pelo rádio e até mesmo pelos materiais escolares.

> **Para saber mais**
>
> Há quase cem anos, a sociedade ficava extasiada com a exibição do primeiro filme falado. Foi em 6 de outubro em Nova York. O filme *O cantor de jazz*, de Alan Crosland, tinha passagens faladas e cantadas. Até aquele momento, o público da época se divertia apenas com o cinema mudo, como alguns clássicos do gênio Charles Chaplin.
>
> O CANTOR de jazz. Direção de Alan Crosland. EUA, 1927.

1.8
Da imagem ao som

Quando o físico e inventor italiano Guglielmo Marconi (1874-1937) criou o primeiro aparelho de rádio, em 1896, talvez não imaginasse a repercussão pública que tal invento viria a ter. Na tentativa de substituir o telégrafo elétrico, que dependia de cabeamento, criou o radiotelégrafo, uma invenção que logo se difundiu entre as frotas marítimas. Estima-se que, pelo menos, 1.500 pessoas tenham sido salvas de um naufrágio, em 1909, em razão da funcionalidade do equipamento, que permitiu a transmissão de um pedido de socorro.

Aos 20 anos, no celeiro de casa, Marconi deu início a suas pesquisas. Baseou-se nos estudos do inventor austríaco Nikola Tesla (1856-1943) e apropriou-se dos conhecimentos de James Clerk Maxwell (1831-1879), físico e matemático escocês que formou a teoria de que as ondas eletromagnéticas podiam se propagar pelo espaço, comprovada em 1888 pelo físico alemão Heinrich Hertz (1857-1894).

Por sua descoberta, Marconi recebeu, em 1909, o prêmio Nobel de Física. Patenteou seu invento em 1901, ao transmitir sinais através do Oceano Atlântico entre a Grã-Bretanha e o Canadá. Em 1920, suas tentativas de utilizar aparelhos transmissores de ondas curtas finalmente tiveram êxito. Esse ano ficou marcado pela concretização da primeira rede intercontinental de comunicação por rádio.

Embora o feito seja creditado a Marconi, há registros de que as transmissões via rádio tenham sido realizadas bem antes e por um cientista brasileiro. Padre Roberto Landell de Moura (1861-1928) não fazia parte da comunidade científica internacional, sobretudo da Europa ou dos Estados Unidos. Portanto, suas descobertas não foram divulgadas. Landell desenvolveu um aparelho que transmitia e recebia a voz humana. Sua primeira experiência foi realizada em São Paulo, em 1893.

Em dez anos, a radiodifusão se tornou uma febre pelo mundo. A Radio Corporation of América (RCA) foi criada nos Estados Unidos em 1919; em 1926, foi fundada a National Broadcasting Company (NBC); e, no ano seguinte, nasceu a Columbia Broadcasting System (CBS). Em território europeu, a pioneira foi a Uniforme Radiofonica Italiana (posteriormente Radiotelevisione Italiana – RAI), fundada em 1924. A inglesa British Broadcasting Corporation (BBC) surgiu em 1927, e a Radio France Internationale (RFI), em 1931.

A quantidade de receptores cresceu assustadoramente. Em 1922, 50 mil norte-americanos já tinham o aparelho, e, em apenas três anos, o número subiu para 4 milhões. Entre as décadas de 1930 e 1960, o rádio alcançou enorme popularidade. As emissoras foram se profissionalizando e, com a maior sofisticação e qualidade dos equipamentos, as rádios passaram a transmitir não apenas notícias, mas também música.

O fato é que, centrado na linguagem verbal e diferente dos demais meios de comunicação de massa, o rádio vincula seu potencial comunicativo à audição. Como construtor de imagens acústicas e de signos orais, verbais, musicais, sonoros e do próprio silêncio, possibilita que as imagens adquiram forma (Ongaro, 2011).

Citelli (2006) afirma que as palavras ganham movimento no rádio. O imaginário da recepção radiofônica desperta à medida que são estabelecidos nexos entre falar e ouvir. Além disso, provoca inquietações e permite aos destinatários construir redes de imagens facultadas pelas sequências das palavras.

> Estamos, assim, diante de um movimento interessante, pois sem a fotografia, o desenho, a cor, torna-se possível, pela continuidade das frases, dos parágrafos, gerar imagens na audiência, dando vida e, muitas vezes, tornando presente o lance do atleta, as nuances da tragédia, os contornos da festividade, as expansões emotivas, as tristezas e alegrias das pessoas entrevistadas. De certa maneira "vemos" através do ouvir. (Citelli, 2006, p. 97)

O dramaturgo, poeta e encenador alemão Bertold Brecht (1898-1956) também refletiu sobre o potencial comunicativo do rádio. Segundo ele, a radiodifusão poderia ser o maior meio de comunicação já imaginado na vida pública. Para que isso fosse possível, Brecht acreditava que o rádio deveria evoluir no sentido de ser não apenas um emissor, mas, sobretudo, um receptor de mensagens. O ouvinte deveria ter a possibilidade de interagir. Assim, o rádio não permaneceria ilhado, mas relacionado.

Lembro como ouvi falar do rádio pela primeira vez. Foram notícias irônicas de jornal sobre um furacão radiofônico completo, cuja missão era arrasar a América. No entanto, tinha-se a impressão de que se tratava de assunto não apenas da moda, mas realmente moderno. Esta impressão se desvaneceu muito rápido, quando também tivemos ocasião de ouvir rádio. Naturalmente, a princípio ficava-se maravilhado e se perguntava de onde procediam aquelas audições musicais, mas logo tal admiração foi substituída por outra: perguntava-se que tipo de audições procediam do éter. Era um triunfo colossal da técnica, poder colocar fim, ao alcance do mundo inteiro, uma valsa vienense e uma receita de cozinha. Como quem diz com toda a segurança. (Brecht citado por Meditsch, 2005, p. 35)

Incompreendido pela academia até os anos 1990, o filósofo e educador canadense Marshall McLuhan (1911-1980) também procurou compreender como os meios de comunicação e a revolução tecnológica havia mudado o mundo. Analisando a invenção da imprensa, no século XV, e as implicações da eletricidade, estudou os impactos de veículos de comunicação como telégrafo, telefone, televisão e rádio.

Em *Rádio: o tambor tribal*, McLuhan (1964) afirma que esse veículo de comunicação abalou os fundamentos da experiência humana. O homem passou do mundo tipográfico para o mundo visual, audiotátil, simultâneo e tribalizado. Em 1960, época da explosão dos meios eletrônicos, McLuhan analisa o poder que o rádio exerce sobre as pessoas. O autor vê nesse meio de comunicação um sistema nervoso da informação igualado, segundo ele, apenas à voz humana (Ongaro, 2011).

McLuhan entende que o rádio está envolto em um manto de invisibilidade. "Notícias, hora certa, informações sobre o tráfego e, acima de tudo, informações sobre o tempo agora servem para enfatizar o poder nativo do rádio de envolver as pessoas umas com as outras". O teórico da comunicação afirma ainda que o rádio provoca uma aceleração da informação já "que reduz o mundo a uma aldeia e cria o gosto pelas fofocas, rumores e picuinhas pessoais". Ao mesmo tempo que reduz "o mundo a dimensões de aldeia, o rádio não efetua a homogeneização dos quarteirões da aldeia" (McLuhan, 1993, citado por Meditsch, 2005, p. 151).

> McLuhan traduz a ideia [...] de que o que mais interessa não é o que diz o rádio, mas o fato de existir e transformar a sociedade. São as transformações que o rádio provoca a sua mensagem, por que é o meio que configura e controla a proporção e a forma de ações e associações humanas. O rádio resgata, pela força de seu conteúdo tecnológico, o vínculo das pessoas com sua comunidade. (Bianco, 2005, p. 154)

Há muitas histórias sobre o impacto que a linguagem radiofônica causa nas pessoas. A mais conhecida envolve o ator Orson Welles, diretor do clássico filme *Cidadão Kane,* de 1941. Em 31 de outubro de 1938, Welles, na época com apenas 23 anos, trabalhando na rádio Columbia Broadcasting System, resolveu dramatizar uma adaptação do texto *Guerra dos mundos,* de H. G. Wells. Na história, a Terra é invadida por marcianos.

Ao narrar com voz marcante e "colocando um repórter na cena", Welles causou um pânico coletivo na população norte-americana. Assim narrava: "Atenção, senhores e senhoras ouvintes... Os marcianos estão invadindo a Terra... Atenção, senhoras e senhores ouvintes...Os marcianos estão invadindo os Estados Unidos da América... Atenção, senhoras e senhores ouvintes" (Salvador, 2017, p. 57).

A encenação radiofônica foi convincente e responsável por eventos trágicos. Mortes, suicídios e milhares de pessoas fugindo desesperadas dos "marcianos". Os jogos sonoplásticos, a locução e a construção das frases causaram furor no imaginário popular.

Somente ao final da transmissão, Welles explicou que se tratava de uma obra de ficção. Mas o estrago já estava feito. A atuação nesse episódio fez o ator alavancar sua carreira e se tornar um dos artistas mais versáteis do século XX.

Para saber mais

Para saber mais sobre o impacto do episódio protagonizado por Orson Welles ao narrar no rádio *Guerra dos mundos*, leia:

PEREIRA, J. et al. O papel da radiofonização de *A guerra dos mundos*. In: CONGRESSO DE CIÊNCIAS DA COMUNICAÇÃO NA REGIÃO SUL, 10., 2009, Blumenau. **Anais...** São Paulol: Intercom, 2009. Disponível em: <http://www.intercom.org.br/papers/regionais/sul2009/resumos/R16-1169-1.pdf>. Acesso em: 31 ago. 2018.

E no Brasil, como chegou o rádio? De acordo com Virgílio (2012),

> o dia 7 de setembro de 1922 marcou a primeira transmissão de rádio no país que ocorreu simultaneamente à exposição internacional em comemoração ao centenário da Independência do Brasil, inaugurada pelo presidente Epitácio Pessoa. O então discurso do presidente, em meio ao clima festivo do evento, abriu a programação da exposição, tornada possível por meio de um transmissor de 500 watts, fornecido pela empresa norte-americana Westinghouse e instalado no alto do Corcovado.

Na época, havia apenas 80 receptores espalhados pelas cidades do Rio de Janeiro, de Niterói e de Petrópolis. Na transmissão experimental, idealizada por Edgar Roquette-Pinto[13], estava programada a ópera *O Guarani*, de Carlos Gomes.

Com o passar dos anos, o rádio se popularizou e deixou de ser um equipamento que podia ser adquirido apenas pela elite brasileira. Hoje, é o veículo de comunicação menos excludente que existe. Você não precisa ser alfabetizado ou mesmo dispor de um aparelho caro para ouvir rádio; também não é necessário estar em determinado local. Até mesmo dirigindo é possível ter acesso à programação. E o mais importante: diferentemente do computador, não é preciso se alfabetizar na linguagem. Basta ligar e curtir seu programa preferido.

1.9
O surgimento de um poderoso meio de comunicação: a televisão

Um novo veículo de comunicação de massa abalou o século XX: a televisão. Já não se tratava apenas de imortalizar uma imagem, imprimi-la ou mesmo receber informações por ondas eletromagnéticas. A grande revolução consistiu em juntar em um mesmo aparelho som e imagem em movimento. A televisão revolucionou a concepção de tempo e espaço. Mas como ela nasceu?

No final do século XIX, cientistas mostraram interesse em criar um aparelho com recursos suficientes para a transmissão de imagens a grandes distâncias. Utilizaram conceitos da

---

[13] Médico, professor e escritor, Roquette-Pinto é considerado o pai do rádio no Brasil. Ele via esse veículo de comunicação como uma poderosa ferramenta educacional.

matemática, da física e da química para desenvolver uma tecnologia que colocasse a ideia em prática. No ano de 1920, o engenheiro escocês John Baird (1888-1946) uniu componentes eletrônicos e montou o primeiro protótipo de televisão.

Em 2 de outubro de 1925, no sótão de sua casa, Baird conseguiu transmitir uma imagem da cabeça de um boneco. No mesmo ano, realizou a primeira demonstração pública da televisão. Foi em uma loja de departamentos, na Oxford Street, em Londres. No ano seguinte, ele criou o primeiro sistema de televisão e, em 1927, fundou a *Baird Television Development Company*, responsável, em 1928, pela primeira transmissão transatlântica de televisão entre Londres e Nova Iorque.

Entretanto, Baird não foi o único a tentar tal façanha. Outro nome que merece ser destacado é o do russo Vladimir Zworykin (1888-1982). Em 1923, patenteou um aparelho chamado *ionoscópio*. O equipamento possibilitou a criação dos primeiros tubos de televisão, batizados de *orticon*. A produção dos tubos em escala industrial só foi possível a partir de 1945.

Transmissões abertas passaram a acontecer em 1930. A Alemanha foi pioneira. Cinco anos depois, chegou a vez de Inglaterra, Estados Unidos e União Soviética. No Brasil, pelos esforços do jornalista Assis Chateaubriand (1892-1968), o primeiro sinal aberto de televisão ocorreu em 1950, com a inauguração da TV Tupi.

Nos Estados Unidos, a televisão se consolidou na década de 1940. Com a regulamentação do novo meio de comunicação de massa, a televisão foi introduzida em diversos países da América Latina. Na Europa, seu desenvolvimento foi mais lento. Em virtude das duas grandes guerras e dos debates do papel da **indústria cultural**[14] na sociedade, a abrangência desse novo veículo de comunicação ocorreu tardiamente, somente no início da década de 1950.

Dois modelos nortearam a implantação da televisão, como mostra Hamburger (2014): o **modelo comercial** norte-americano baseado na concorrência das emissoras e o **modelo público** característico da Inglaterra. No caso nacional, uma emissora comercial quase alcançou o monopólio da audiência, principalmente por investir em teledramaturgia, um produto apreciado pelos telespectadores brasileiros. Nos países do mundo socialista, emissoras estatais também tiveram o privilégio da exclusividade.

Hamburger (2014) lembra ainda que esse veículo de comunicação se manteve inalterado até 1980. A transmissão a cabo, o *videotape*, o satélite e a cor foram as grandes novidades do veículo nas primeiras décadas. Hoje, a televisão vem sendo sacudida pelas transformações na programação, nas formas de audiência, na tecnologia, nas formas de produção das emissoras, nos modelos de negócio e também pela crítica.

> A proliferação de canais de Tv a cabo, o crescimento da internet, do celular, dos tablets, e a disseminação, primeiro de videocassetes, depois de aparelhos de DVD e de aparelhos blu-ray ameaçam a televisão como a conhecemos hoje. A diversificação de fontes e meios de circulação de conteúdos audiovisuais levou a especulações sobre o fim da televisão. As emissoras estão em crise, ameaçadas pela proliferação de formas de acesso direto à programação e pela diversidade de telejornais na rede mundial de computadores. (Hamburger, 2014, p. 294-295)

---

14 Termo cunhado por Theodor Adorno (1903-1969) e Max Horkheimer (1895-1973), membros da Escola de Frankfurt. Designa a situação da arte na sociedade capitalista industrial.

Embora com o advento das tecnologias haja concorrência destas com a televisão, uma pesquisa do Instituto Brasileiro de Geografia e Estatística (IBGE), realizada em 2014, mostra a força desse veículo de comunicação nos lares brasileiros. A pesquisa revelou que 97,1% dos 67 milhões de domicílios brasileiros tinham um aparelho de televisão e cerca de 40% tinham televisão digital aberta (Vilela, 2016).

Outro dado relevante refere-se à Pesquisa Brasileira de Mídia 2016 – Hábitos de Consumo de Mídia pela População Brasileira. Ouvindo mais de 15 mil brasileiros com idade superior a 16 anos, a pesquisa revelou que "dos entrevistados 77% afirmaram ver televisão todos os dias da semana, com predominância de segunda a sexta-feira. O telespectador brasileiro passa em média de 60 a 120 minutos em frente à televisão" (Vilela, 2016).

A televisão também continua sendo o veículo de comunicação de massa mais utilizado para se informar sobre os acontecimentos do país – 63% dos entrevistados afirmaram acompanhar o noticiário da TV, sendo o veículo a principal fonte de informação, seguido de 26% que utilizam a internet para esse fim (Vilela, 2016).

Portanto, pelo menos no Brasil, a televisão continua sendo um veículo de comunicação de massa poderoso. Seus efeitos e sua importância são estudados pela área de educação, que passa a ver no veículo um importante aliado no processo de ensino e aprendizagem.

Ainda é forte o poder cultural e simbólico da comunicação nas sociedades modernas. A realidade de cada um, muitas vezes, passa a ser elaborada não pelas experiências vividas, mas, sobretudo, pela mensagem transmitida pela TV. Além disso, baseando-se em Bakhtin (2003), é possível verificar que tanto os gêneros quanto os discursos televisivos se alteram em função do desenvolvimento histórico, social e econômico das sociedades.

Para saber mais

A teledramaturgia brasileira nasceu em 1951 com a exibição pela TV Tupi da novela *Sua vida me pertence*. Como não havia *videotape*, os episódios eram apresentados ao vivo. A novela, que teve apenas quinze capítulos, foi exibida às terças e quintas-feiras. Quer saber mais sobre a história da teledramaturgia brasileira? Confira essa sugestão de livro:

RIBEIRO, A. P. G.; SACRAMENTO, I.; ROXO, M. **História da televisão no Brasil**. São Paulo: Contexto, 2010.

1.10 Dos "devaneios" de McLuhan à realidade virtual

Quando o canadense Marshall McLuhan, em meados de 1960, divulgou a ideia de que, em pouco tempo, o mundo seria uma aldeia global sem fronteiras e que as pessoas poderiam se comunicar livremente com todos os povos, houve espanto, desconfiança e descrédito por parte da comunidade acadêmica da época. Suas ideias só foram realmente reconhecidas a partir dos anos 1990, quando o advento das novas tecnologias da informação e comunicação se tornou definitivamente uma realidade, mostrando que McLuhan estava correto.

As inquietações do pesquisador se baseavam – principalmente – na abrangência de dimensões globais que os meios de comunicação de massa começaram a tomar a partir da segunda metade do século XX. Nos anos de 1960, ocorreram as primeiras transmissões de televisão via satélite e eventos importantes passaram a ser massificados, principalmente no campo das artes.

Observador desse novo cenário que se desenhava, McLuhan (1964) criou conceitos como "os meios de comunicação são extensões do homem". Para o estudioso canadense, assim como um simples equipamento manual é a extensão das mãos do homem, os meios de comunicação de massa são extensões do sentido do ser humano.

Como aponta Nassar (2014), outra ideia difundida por McLuhan e criticada pela comunidade científica da época é a de que "o meio é a mensagem", indicando que, tal qual uma mensagem, os meios de comunicação conformam, "amaciam", envolvem e entorpecem. Em seus estudos, McLuhan destaca o papel central dos meios de comunicação na significação da mensagem.

> a sociedade da racionalidade, da perda da espontaneidade, da sujeição às normas, é superada pela retomada da fala, da simultaneidade plural e integração contidas nos meios eletrônicos de comunicação, que "retribalizaram" o mundo fragmentado pelos meios mecânicos. A "Aldeia Global" ultrapassa os nacionalismos, o Estado nacional moderno, o *modus vivendi* da sociedade industrial, principalmente nas suas relações com o tempo e com o espaço. Com o advento dos meios eletrônicos, em meados do século XX, pode falar na instauração de uma "aldeia global" e uma retomada das narrativas orais e de um comportamento ecumênico. [...] Sua obra é um manifesto, que transcendeu sua época, sobre as relações produzidas pelos novos meios de

comunicação, porque seus temas e suas questões continuam atuais nos âmbitos das técnicas, das éticas e das estéticas ligadas a inúmeros campos. (Nassar, 2014, p. 189-191)

As ideias tão propagadas por McLuhan começaram a se concretizar no final do século XX e ganharam força no século XXI. A tecnologia, os equipamentos, a popularização da rede mundial de computadores, a cibercultura e a cibermídia, a explosão das redes sociais e os desdobramentos do mundo cibernético mudam de todo a forma de transmissão de informação, a recepção de mensagens, a propagação do saber, a visão de mundo por parte dos sujeitos, o reconhecimento dos sujeitos nesse universo cultural completamente novo.

Esses efeitos da nova realidade virtual serão abordados nos próximos capítulos.

Perguntas & Respostas

Há dois eventos marcantes na história da comunicação: (1) o surgimento da prensa de Gutenberg; e (2) a popularização dos computadores e o acesso à rede mundial a partir da década de 1990. Esses eventos conseguiram definitivamente acabar com as diferenças socioculturais entre as diversas sociedades espalhadas pelo globo?

Apesar de os avanços terem sido significativos para a história da humanidade, não é possível afirmar que eles foram responsáveis por reduzir as diferenças socioculturais entre os povos e as nações. No caso do acesso à educação, a invenção de Gutenberg realmente trouxe avanços significativos. Afinal, conseguir comprar ou encontrar livros se tornou mais fácil. Entretanto, muitos anos se passaram até que a escolarização fosse realmente algo importante para todas as sociedades.

Durante muito tempo, o acesso ao conhecimento ficou à mercê apenas de uma elite que podia pagar por ele. Embora seja inegável a contribuição dos computadores e do acesso à rede para a história da humanidade – tendo em vista benefícios como conexão com o mundo, troca de informações e possibilidade de expor ideias –, esse ainda é um meio excludente. É preciso, por exemplo, ter o aparelho (computador, telefone celular, *tablet*) para acessar a rede; é preciso conhecer a linguagem virtual; e não se pode acessar a rede mundial sem uma conexão de internet. Portanto, é necessário ter conhecimento e dinheiro. Isso acaba dificultando o acesso aos inúmeros benefícios trazidos pelas novas tecnologias.

Síntese

Neste capítulo, você pôde aprender e refletir sobre:

- como a comunicação transformou a história da humanidade;
- como, em cada época, o homem desenvolveu e utilizou os meios de comunicação para garantir a própria evolução da espécie;
- de que forma os meios de comunicação de massa modificaram o modo de pensar e agir de uma sociedade;
- os desdobramentos da cibercultura e da cibermídia na nova forma de recepção e emissão de mensagens.

Questões para revisão

1) (Enem, 2013)

    O bit na galáxia de Gutenberg

    Neste século, a escrita divide terreno com diversos meios de comunicação. Essa questão nos faz pensar na necessidade da "imbricação, na coexistência e interpretação recíproca dos diversos circuitos de produção e difusão do saber...".

É necessário relativizar nossa postura frente às modernas tecnologias, principalmente à informática. Ela é um campo novidativo, sem dúvida, mas suas bases estão nos modelos informativos anteriores, inclusive, na tradição oral e na capacidade natural de simular mentalmente os acontecimentos do mundo e antecipar as consequências de nossos atos. A impressão é a matriz que deflagrou todo esse processo comunicacional eletrônico. Enfatizo, assim, o parentesco que há entre o computador e os outros meios de comunicação, principalmente a escrita, uma visão da informática como um "desdobramento daquilo que a produção literária impressa e, anteriormente, a tradição oral já traziam consigo".

NEITZEL. L.C. Disponível em. www.geocities.com. Acesso em: 1 ago. 2012 (adaptado).

Ao tecer considerações sobre as tecnologias da contemporaneidade e os meios de comunicação do passado, esse texto concebe que a escrita contribui para uma evolução das novas tecnologias por

a) se desenvolver paralelamente nos meios tradicionais de comunicação e informação.
b) cumprir função essencial na contemporaneidade por meio das impressões em papel.
c) realizar transição relevante da tradição oral para o progresso das sociedades humanas.
d) oferecer melhoria sistemática do padrão de vida e do desenvolvimento social humano.
e) fornecer base essencial para o progresso das tecnologias de comunicação e informação.

2) O brasileiro Sebastião Salgado é um dos fotógrafos mais renomados no mundo. Retratando a realidade de povos menos favorecidos, foi vencedor de vários prêmios. Mineiro, Salgado já previu o fim da fotografia em razão dos *smartphones*. Acabou se retratando dessa "previsão" em entrevista concedida à Reuters, em fevereiro de 2017. O fotógrafo acredita que "O que as pessoas fazem com seus telefones não é fotografia, são imagens" (Reuters, 2017).

Neste capítulo você estudou que durante a evolução dos meios de comunicação de massa, assim como aconteceu na "previsão" de Salgado, sempre houve questionamentos em relação ao surgimento de uma tecnologia e à substituição de uma pela outra. Isso vem acontecendo hoje com o "provável fim" do jornal impresso. Na opinião de algumas pessoas, o impresso pode desaparecer em alguns anos em virtude do advento das tecnologias e da migração de conteúdo para plataformas *on-line*. Após a leitura deste capítulo e da análise de como a comunicação impactou a vida da sociedade, assinale a alternativa correta:

a) A evolução dos meios de comunicação de massa mostra ao longo da história que, embora novos veículos surjam, nem sempre os antigos desaparecem ou são automaticamente substituídos. Muitos sofrem adaptações importantes e significativas e continuam a ser utilizados, embora em menor escala ou com um novo formato de linguagem e programação.

b) Embora a comunicação tenha auxiliado o desenvolvimento da vida em sociedade, não trouxe impactos significativos na linguagem, na escrita e na evolução da humanidade.

c) McLuhan (1964), autor da expressão "o meio é a mensagem", acreditava que os veículos de comunicação eram meros transmissores de mensagem, mostrando-se pouco preocupado com o surgimento de novas tecnologias.
d) Todas as alternativas estão corretas.
e) Nenhuma das alternativas está correta.

3) Avalie as afirmações a seguir e, depois, indique a relação correta entre elas.

I. O rádio é um dos meios de comunicação mais poderosos que existe. Entre suas vantagens estão: ser menos excludente, já que o ouvinte não precisa ser alfabetizado nem dominar uma linguagem específica para ter acesso a esse meio de comunicação de massa; ter baixo custo; ser de fácil acesso.

ENTRETANTO

II. Como serviço público e de concessão, o rádio, assim como os demais meios de comunicação de massa, deve ser utilizado de forma correta, buscando sempre o benefício da sociedade como um todo. Portanto, os meios de comunicação não podem primar apenas pelos interesses comerciais.

Assinale a alternativa correta:
a) As asserções I e II são proposições verdadeiras, e a II é um complemento correto da I.
b) As asserções I e II são proposições verdadeiras, mas a II não é um complemento correto da I.
c) A asserção I é uma proposição verdadeira, e a II é uma proposição falsa.

d) A asserção I é uma proposição falsa, e a II é uma proposição verdadeira.
e) As asserções I e II são proposições falsas.

4) Leia este trecho para responder à questão.

Dos meados do século XX em diante, passa a ser colonizada em escala planetária a alma de todas as classes sociais. Colonizar quer dizer agora massificar a partir de certas matrizes poderosas de imagens, opiniões e estereótipos. Apesar dos mil e um estudos científicos e de todos os hosanas ou maldições que há meio século pairam sobre a indústria cultural e, particularmente, sobre a televisão, continua em aberto a tarefa da inteligência que pretenda decifrar o que vem acontecendo com as mentes e corações de um público vastíssimo e, de algum modo, ainda trabalhado pela cultura erudita ou pela cultural popular. (Bosi, 1992, p. 383)

As afirmações feitas por Bosi (1992) nos levam a crer que:

I) Apesar de o processo de globalização fazer parte do cotidiano do cidadão há mais de 20 anos e de o telespectador ter – hoje, mais do que nunca – o direito de escolha do que vai ou não vai ver todos os dias, esse mesmo telespectador é ainda altamente influenciado pelos gêneros televisuais

POIS

II) Somos influenciados pela difusão da sociedade de consumo e bombardeados pelo uso de uma linguagem em um contexto totalmente reestruturado, que acompanha nosso desenvolvimento histórico e social.

A respeito dessas asserções, assinale a opção correta.

a) As asserções I e II são proposições verdadeiras, e a II é uma justificativa da I.
b) As asserções I e II são proposições verdadeiras, mas a II não é uma justificativa da I.
c) A asserção I é uma proposição verdadeira, e a II é uma proposição falsa.
d) A asserção I é uma proposição falsa, e a II é uma proposição verdadeira.
e) As asserções I e II são proposições falsas.

5) Depois de entender um pouco mais como a comunicação contribuiu para a evolução da humanidade, responda: Por que a invenção de Gutenberg transformou boa parte da história da humanidade, alterando o modo de viver e de pensar da sociedade?

6) O visionário Marshall McLuhan, em meados de 1960, afirmava que viveríamos numa aldeia global, num mundo sem fronteiras. A afirmação, que causou espanto na comunidade científica e até mesmo desconfiança, hoje se concretiza. Entretanto, essa não foi a única afirmação do canadense a encontrar eco na realidade concreta. Ele também disse, entre outras coisas, que os "meios de comunicação são a extensão do homem". Explique o que McLuhan quis dizer com esse conceito.

2
Meios e seu poder como linguagem

Conteúdos do capítulo:

- Meios de comunicação de massa e seu poder como linguagens.
- Processo de comunicação e as mudanças ocorridas com o receptor de mensagem com o advento das tecnologias.
- Midiatização da cultura e interface entre o receptor e a informação na era tecnológica.

2.1
Revendo conceitos

Antes de abordarmos a mídia e suas linguagens, é interessante esclarecermos a aplicação de alguns termos para explicar com mais clareza os assuntos que serão tratados a seguir. Algumas dessas definições são baseadas nos escritos de importantes autores do estudo da comunicação.

- **Comunicação**: Relação entre emissor, mensagem e receptor. Não é só o ato de reproduzir e distribuir informação. Há uma relação direta com o receptor, pois não existe comunicação sem risco ou mesmo encontro com o outro. A comunicação começa quando se compreende que é diferente da informação e da transmissão (Wolton, 2006).
- **Informação**: Dado que confere significado e sentido às coisas. Implica a organização codificada da variedade. Atribuição de forma a uma matéria ou relação qualquer. Fluxo de sinais de um polo a outro (Sodré, 2014).
- **Cultura**: Existem três sentidos para a palavra. O francês se remete à ideia de obra e de criação. O sentido alemão integra os símbolos, os valores, as representações. O anglo-saxão leva em conta os modos de viver, os estilos, os conhecimentos cotidianos. Há pouco tempo, ainda havia oposição entre a cultura de elite e a popular. Com a elevação do nível de vida e da educação, surgem outros tipos de concepção de cultura: a cultura de **massa** (de grande público) e a **média** (ligada aos movimentos de afirmação de identidades culturais) (Wolton, 2006).
- **Emissor**: Alguém que emite uma mensagem. O emissor pode ser uma pessoa, um grupo, uma empresa ou mesmo uma instituição.

- **Mensagem**: Objeto de comunicação constituído pelo conteúdo das informações transmitidas.
- **Receptor**: Aquele a quem se destina a mensagem. Assim como o **emissor**, pode ser uma pessoa, uma empresa ou mesmo uma instituição.
- **Mídia**: "Diversidade dos dispositivos de informação. A pretensão ideológica do sistema midiático é atingir, por meio da informação, o horizonte humano" (Sodré, 2014, p. 11).
- **Canal de comunicação**: "meio físico ou virtual, que assegura a circulação da mensagem, por exemplo, ondas sonoras, no caso da voz. O canal deve garantir o contato entre emissor e receptor" (Amaral, 2005).
- **Cultura de massa**: Conjunto de meios massivos de comunicação. Entretanto, para Jesús Martín-Barbero, um dos maiores expoentes nos estudos culturais contemporâneos, a perspectiva histórica rompe com essa concepção e mostra o que se passa na cultura quando as massas emergem. Para a cultura de massa, segundo o autor, "a publicidade não é somente a fonte mais vasta de seu financiamento, mas uma força que produz seu encantamento" (Martín-Barbero, 2009, p. 197).
- **Indústria cultural**: Termo cunhado por Max Horkheimer (1895-1973) e Theodor Adorno (1903-1969), em 1947, e significa a degradação da cultura em indústria de diversão. Para os autores, nada poderia ser arte se era indústria (Martín-Barbero, 2009, p. 89).
- **Cibercultura**: Conjunto de saberes, hábitos e discursos (sociais, políticos, econômicos, históricos, artísticos). "Assenta-se em três princípios: liberação do polo de emissão de informação; crescimento da conexão aberta e planetária; reconfiguração de práticas associadas

à indústria cultural de massas. Deriva de processos dinâmicos, fruto de dimensões sociais e técnicas" (Lemos, 2014, p. 413).

- **Cibermídia**: Conjunto de mídias digitais em ambiente híbridos, fixos ou móveis. Não se restringe ao plano virtual e está diretamente ligada a interfaces externas, como telefonia móvel, tecnologias *wireless, cibercenter* e *lan houses* (McAdams, 2008).

2.2
Comunicar é um processo

Para pensar sobre o processo da comunicação, imagine a situação descrita a seguir.

A plateia aguarda ansiosa. A sala está completamente lotada. Conversa entre os participantes. Alguns se preocupam em dividir com outras pessoas as expectativas sobre o evento que está para começar. Outros preferem usar o tempo para falar de assuntos corriqueiros, como fatos que aconteceram no trabalho, em casa, ou mesmo dividir suas visões sobre assuntos que saíram na mídia.

De repente, o silêncio. Entra em cena o mestre de cerimônias. Ele anuncia o palestrante – profissional conceituado e muito requisitado pelo meio acadêmico. A palestra? Um assunto importante e atual, algo relevante para a sociedade. Por alguns instantes, aplausos. Isso até o momento em que o palestrante começa a falar.

O palestrante inicia sua explicação. Previamente preparada, a palestra segue ora com exemplos, ora com vídeos, ora com fotos. O palestrante se esforça para passar o conteúdo programado. Afinal, é uma celebridade aguardada por muito tempo, um formador de opinião importante. Nesse momento, ele começa a observar o público. Quais foram as reações das pessoas? Será que já houve um domínio total da plateia? Para quem está no palco, a visão é privilegiada, e podem-se observar as reações mais diversas possíveis: olhos atentos, conversas paralelas e até mesmo o uso indevido do celular.

O palestrante pode questionar a si mesmo: Quando começou efetivamente o processo de comunicação? Será que foi durante as primeiras palavras proferidas? Será que foi quando atravessei a sala e cheguei ao palco? Ou ainda quando a plateia fez sua primeira observação? E antes do início do evento? Será que a comunicação não aconteceu antes mesmo, ou seja, durante a preparação do material? Da divulgação dos assuntos a serem abordados? E sob a ótica do receptor da mensagem, quando começou o processo comunicacional? Pode-se afirmar que a comunicação aconteceu já no momento em que os sujeitos decidiram participar da palestra?

Essas indagações nos levam a perceber que o ato de comunicar é um processo que não tem princípio ou fim definidos. Caracterizado pela **troca**, é produzido por um **sistema de signos** com diferentes finalidades. Portanto, a comunicação é característica dos indivíduos que vivem em sociedade. Desenvolve-se e coexiste por múltiplas variáveis num contínuo espaço-tempo.

Originalmente, como aponta Sodré (2014), **comunicar** significa vincular, relacionar, organizar. Assim como outras áreas de conhecimento, a exemplo da biologia (que descreve vasos comunicantes) e da arquitetura (que prevê espaços comunicantes), os seres humanos são comunicantes não apenas pelo fato de falarem, mas por se relacionarem e organizarem mediações simbólicas em função do comum e do compartilhado.

Wolton (2006) explica que a comunicação resulta da mistura de duas dimensões: a normativa e a funcional. A **normativa** corresponde ao ato de informar, compartilhar, compreender. A **funcional**, por sua vez, respeita o fato de que "nas sociedades modernas muitas informações são necessárias para o funcionamento das relações humanas e sociais" (Wolton, 2006, p. 15).

> Essas duas dimensões, normativa e funcional, remetem, aliás, aos dois sentidos da palavra "comunicação". O primeiro é o mais antigo (século XIV), ligado à dimensão normativa, significa "compartilhar", "comungar", na tradição judaico-cristã. O segundo, a partir do século XVI, ligado ao processo técnico, remete à ideia de transmissão e de difusão. (Wolton, 2006, p. 15- 16)

O autor explica ainda que há uma diferença entre comunicação e informação. A informação está associada à mensagem. Já a comunicação supõe um **processo de apropriação**. É uma relação entre emissor, mensagem e receptor. Comunicar, segundo Wolton (2006), não significa apenas produzir informação e distribuí-la . Deve-se estar atento ao receptor da mensagem, se ele a recebe, aceita-a, recusa-a, remodela-a ou responde-a. A comunicação seria, então, um processo mais complexo que a informação, por se tratar de encontro com um retorno.

Para Sodré (2014), no entanto, não interessa saber o que é comunicação e o que é informação. O importante é conhecer os usos sociotécnicos que fazemos disso em nosso dia a dia. Uma saída para escapar do senso comum identificada pelo autor é elucidar conceitualmente o objeto descrito ou analisado. É necessária "uma orientação existencial frente à hipermetrofia de poder da dita comunicação/informação, assim como para uma linha eventual de ação ético-política, no interior do ordenamento democrático" (Sodré, 2014, p. 14).

Sodré (2014) e Wolton (2006) concordam que a era da globalização e do imediatismo se caracteriza por um novo ecossistema, no qual a comunicação equivale a um modo geral de organização. Como parte de um sistema interligado de produção, circulação e consumo, a sociedade sente a necessidade de um rearranjo de pessoas e coisas.

Nesse sentido, Wolton (2006) resgata o debate sobre a comunicação reduzida a uma *performance* técnica e alerta que, quanto mais mensagens estiverem em circulação, mais as diferenças sociais e culturais ficarão evidentes.

> Na realidade, quanto mais facilidade técnica houver, mais é preciso lançar uma reflexão específica sobre o estatuto da recepção. Confunde-se o progresso técnico, considerável neste caso, que permite uma integração técnica das informações, dos sons, das imagens, etc., bem como uma miniaturização dos aparelhos, com uma revolução da comunicação. Ter acesso a tudo através de uma ferramenta cada vez mais performática não é suficiente para criar uma comunicação, embora estejamos fascinados, com razão, por este processo. (Wolton, 2006, p. 84)

Wolton (2006) acrescenta que a função da comunicação não é somente "transmitir" mas também organizar o espaço simbólico, validando discursos.

Os ruídos de comunicação interferem no processo de transmissão da mensagem. Podem ser resultados de elementos internos e externos.

2.3
Meios e linguagem

Para refletirmos sobre a ideia de comunicação e manipulação, comecemos com uma história.

> Na cidade de Willingdon, Inglaterra, Sr. Jones gastava boa parte de seu tempo nos afazeres em sua propriedade, a Granja do Solar. Por se tratar de uma área rural, no local havia vários animais. Entre eles alguns chamavam atenção: os porcos Bola de Neve, Napoleão e Velho Major. Todos os bichos da granja eram maltratados pelo Sr. Jones, que sofria com a doença do alcoolismo.
>
> Certo dia, Velho Major teve um sonho: os bichos haviam promovido uma revolução e tinham se tornado autossuficientes. Intrigado com o sonho que tivera, Velho Major tomou coragem e fez um discurso aos demais animais. Considerado um porco inteligente e de ideias revolucionárias, Velho Major convenceu os demais a promover um levante contra o sistema de opressão no qual viviam os animais da granja.
>
> Com o falecimento de Velho Major, os outros animais colocaram suas ideias em prática promovendo a revolução dos bichos. Entre as primeiras medidas tomadas pelo grupo, a expulsão do Sr. Jones foi a mais significativa. Além disso, a granja passou a se chamar Granja dos Bichos, sendo administrada pelo porco Bola de Neve.
>
> O novo administrador seguia rigorosamente as normas estabelecidas pelo **animalismo**. As leis consistiam em: "qualquer coisa que ande sobre duas pernas é inimiga; qualquer coisa que ande sobre quatro pernas ou tenha asas

é amigo; nenhum animal usará roupas; nenhum animal dormirá em cama; nenhum animal beberá álcool; nenhum animal matará outro animal; e todos os animais são iguais" (Calogeras, 2017).

Entretanto, Bola de Neve não contava com a traição de seu assistente, o porco Napoleão. Passados cinco anos, Napoleão já ocupava a casa de Sr. Jones e agia exatamente como o antigo patrão. Além disso, instalou um regime ditatorial, dominando e hostilizando os demais animais. Considerava-os seres inferiores e sem direito algum.

Essa história se refere ao livro *A revolução dos bichos*, do escritor inglês George Orwell (1903-1950). Inspirada nos acontecimentos que se desenrolaram na antiga União Soviética, desde a Revolução de 1917 até 1944, a trama traz como pano de fundo a história do comunismo. Seus personagens são baseados em figuras reais, como Stalin, Lenin e Trotsky. Porém, o autor também tece, em sua narrativa, críticas à ascensão dos regimes fascistas e nazistas na Itália e na Alemanha, respectivamente, bem como à ditadura na Espanha de Franco.

Considerado uma obra-prima da literatura, o livro faz um alerta importante: o perigo da ascensão de certos líderes com discursos demagógicos e promessas sem fundamento. Ensina o leitor a reconhecer os "porcos disfarçados de homens". Ainda faz um alerta sobre a dominação pela sedução e pela força bruta, sem contar com o desenvolvimento das temáticas referentes à concentração de poder, à desigualdade entre classes sociais e, principalmente, à manipulação das informações.

O resumo da história de Orwell serve de ponto de partida para que possamos iniciar uma reflexão sobre a manipulação das massas, o poder da informação e o real papel dos meios de comunicação e suas linguagens na sociedade contemporânea. Afinal, como se opera a influência da mídia sobre a cultura e a sociedade na era pós-moderna?

Questionamentos como estes sempre rondam o pensamento das pessoas: Na prática, a mídia cumpre seu papel social? Seria essa mídia apenas uma entidade reguladora das massas, tendo o poder de manipular as informações e a sociedade como um todo? A realidade cultural imposta pelo advento das novas tecnologias teria modificado a forma de a mídia atuar na sociedade? Somos cidadãos tão frágeis e impotentes diante dos poderosos conglomerados de comunicação?

Nossa grande preocupação aqui está justamente em evitar uma análise superficial, tomando como verdade opiniões de senso comum, sem fundamentos e, principalmente, sem analisar a perspectiva pelo viés de um novo sujeito inserido na era da informação. Iniciemos nossas reflexões partindo da análise da informação.

O linguista francês Patrick Charaudeau (2012) explica que, se existe um fenômeno humano e social que depende da linguagem, esse é a informação. Portanto,

> A informação é, numa definição empírica mínima, a transmissão de um saber, com a ajuda de uma determinada linguagem, por alguém que o possui a alguém que se presume não possuí-lo. [...] A informação é pura enunciação. Ela constrói saber e, como todo saber, depende ao mesmo tempo do campo de conhecimentos que o circunscreve, da situação de enunciação na qual

se insere e do dispositivo no qual é posta em funcionamento. (Charaudeau, 2012, p. 33; 36)

Considerando mínima essa análise, o autor levanta questões importantes. Quem seria o benfeitor e quais seriam os motivos de seu ato de informação? Qual é a natureza do saber a ser transmitido e de onde ele vem? Quem é esse outro para quem a informação é transmitida e que relação mantém com o sujeito informador? Qual é o resultado pragmático, o psicológico e o social desse ato? Quais são os efeitos individual e social?

Tendo essas indagações em vista, Charaudeau (2012) afirma que, independentemente da pergunta que se faça sobre a informação, volta-se sempre à questão da linguagem. Ele explica que "a linguagem não se refere somente aos sistemas de signos internos a uma língua, mas a sistemas de valores que comandam o uso desses signos em circunstâncias de comunicação particulares. Trata-se da linguagem enquanto ato de **discurso**" (Charaudeau, 2012, p. 33, grifo do original).

Vale ressaltar que discurso não é o mesmo que língua, como explica Charaudeau (2012). Em verdade, é com ela que se elabora o discurso, o qual está sempre voltado para outra coisa além das regras da língua. Esclarecendo: língua é a utilização coletiva da linguagem, que varia conforme os limites geográficos; discurso é a individualidade da língua, o modo como cada indivíduo a utiliza.

Entre os apontamentos feitos por Charaudeau (2012), há ainda o fato de que a informação toma feições particulares a partir do momento em que é levantada. De objeto de diferentes teorias (matemática, cibernética, cognitiva da informação), passa a estar inscrita no âmbito de uma atividade socioprofissional, transformando-se num domínio reservado de um setor profissional:

> que pretensão é essa de se dizer especialista da informação? Por que atribuir à informação um domínio reservado? Por que tal exclusividade? Assim, essa atividade encontra-se na mira da crítica social, obrigando seus atores a se explicar, obrigando as mídias a produzir, paralelamente ao discurso de informação, um discurso que justifique sua razão de ser, como se além de dizer "eis o que é preciso saber", as mídias dissessem o tempo todo: "eis por que temos a competência para informar. (Charaudeau, 2012, p. 34)

No entanto, Wolton (2006) afirma que a comunicação é sempre um processo mais complexo do que a informação, por se tratar de um encontro com um retorno e, dessa forma, com um risco. Transmitir não significa comunicar. Entre essas atividades há o receptor, que, no processo de globalização, tem papel decisivo com o número crescente de mensagens. Hoje, todo mundo vê quase tudo, mas a compreensão nem sempre é significativa. O fim das distâncias físicas deixa à mostra as distâncias culturais.

Wolton (2006) ainda alerta para a fragilidade da comunicação, que vai além de seu aparente triunfo. Ao explicar que, na sociedade de massa, queremos ser livres e iguais ao mesmo tempo, destaca os papéis que as mídias desempenham desde a segunda metade do século XX.

O primeiro papel é o político e está ligado diretamente à reconstrução dos Estados-nação no período do Pós-Guerra; o segundo é o social, cujo objetivo consiste em amortecer o choque de todas as mutações sociais; e o último e o cultural, que está relacionado à gestão do multiculturalismo da sociedade.

Para Wolton (2006), cabe às mídias de massa ser como um laço social. Entretanto, a coesão social é fraca e caracterizada pela distância entre as diferentes expressões culturais e a dificuldade de estabelecer comunicação entre cultura e sociedade real. Da política à sociedade e à cultura, tudo estaria resumido entre o triunfo e os estragos de uma comunicação insolente.

Dessa forma, não estaríamos percebendo a fragilidade dos valores da comunicação e, principalmente, estaríamos deixando de analisar as incertezas das relações entre comunicação, sociedade e cultura.

Tradicionalmente, aqueles que se dispunham a entender os meios de comunicação de massa e sua presença na sociedade tendiam a investigar apenas a influência midiática no processo comunicacional. Entretanto, como aponta o pesquisador dinamarquês Stig Hjarvard (2014), atualmente, a cultura e a sociedade estão tão permeadas pela mídia que talvez não seja possível concebê-las como algo separado das instituições culturais e sociais.

Portanto, apenas investigar a influência midiática não é suficiente para entender fenômenos como a globalização ou o poder de escolha do receptor da mensagem. "Nessas circunstâncias, a tarefa que nos incumbe é, mais propriamente, tentar compreender de que forma as instituições sociais e os processos culturais mudaram de caráter, função e estrutura em resposta à onipresença dos meios de comunicação" (Hjarvard, 2014, p. 15).

A **midiatização** é intensiva na cultura e na sociedade. Esse termo tem sido empregado para caracterizar a influência exercida pela mídia sobre diversos fenômenos. A transformação advinda do processo de midiatização faz a sociedade necessitar, a cada momento, de mais recursos e habilidades para representar a informação e construir relações. Portanto, torna-se essencial analisar tanto a comunicação quanto o papel da mídia em vários contextos sociais (Hjarvard, 2014).

Os estudos de midiatização transferem a análise de comunicação mediada para as transformações estruturais dos meios na cultura e na sociedade contemporânea. "Com efeito, as influências da mídia encontram-se não apenas na sequência comunicativa, mas também na cambiante relação que ela desenvolve em outras esferas sociais" (Hjarvard, 2014, p. 14).

2.4
Vitória do receptor da mensagem

Nesse novo cenário comunicacional que se desenhou nas últimas décadas, desde a popularização da internet, é necessário tratar de um dos elementos mais importantes do processo de comunicação: o receptor da mensagem. O sujeito já foi tido como atomizado em alguns momentos, como nas análises da teoria da agulha hipodérmica, da escola norte-americana e datada de 1930, na qual se acreditava que a mensagem midiática enviada ao público de massa afetava a todos da mesma maneira. Agora, ele vem passando por transformações e ganhando liberdade para expor suas ideias, seus anseios e suas perspectivas de vida (Wolf, 2003).

Sem sombra de dúvidas, o receptor de mensagens da contemporaneidade, mais do que nunca, está livre para aceitar, rejeitar, repensar e negociar mensagens recebidas. E o que possibilitou toda essa liberdade? Que fenômeno permitiu um acesso maior ao conhecimento, à transmissão e, principalmente, ao compartilhamento de informações?

As tecnologias certamente abriram as portas desse universo. Informações podem ser trocadas entre indivíduos de qualquer parte do planeta e em tempo real. Notícias são acessadas de forma instantânea. Negócios importantes são fechados sem a necessidade de presença física, apenas por transmissão de imagens e som via internet, isso de qualquer parte do planeta. E até o processo de ensino e aprendizagem foi modificado pela tecnologia.

Lemos (2014) lembra que as mídias de massa, compostas de imprensa, rádio e televisão, marcaram as sociedades dos séculos XV e XX. Diferentemente dessas mídias, cujo fluxo comunicacional era centralizado e dirigido para a massa de receptores, as novas tecnologias microeletrônicas de informação e comunicação (NTICS) funcionam de forma transversal. Afinal, segundo o autor, as NTICS são o alicerce da cultura do século XXI.

> A relação um-todos da cultura de massa dá lugar à todos-todos pós-massiva. De forma inédita, a facilidade de produzir, emitir e distribuir informação, sem passar pelos mediadores clássicos, cria condições propícias para a reconfiguração de um conjunto de práticas (sociais, econômicas, culturais) ancoradas na conexão em rede, exigindo novos esforços por parte das teorias da comunicação. (Lemos, 2014, p. 412)

Além do conjunto de dispositivos microeletrônicos e do processamento automático da informação, como computadores, *tablets*, *smartphones*, TV digital, *bluetooth*, foi a convergência dessas mídias que contribuiu ainda mais para que o sonho da liberdade do fluxo de informações pudesse ser concretizado. Vale ressaltar que nunca a humanidade dispôs de tantas ferramentas midiáticas em um só equipamento. A facilidade de acesso a plataformas tão diferentes e interativas mudou nossa forma de ver o mundo e de nos comunicar com ele.

Como especifica Santaella (2004, p. 60):

> Através da digitalização e da compressão de dados que ela [a revolução digital] permite, todas as mídias podem ser traduzidas, manipuladas, armazenadas, reproduzidas e distribuídas digitalmente produzindo o fenômeno que vem sendo chamado de convergência de mídias. Fenômeno ainda mais impressionante surge da explosão no processo de distribuição e difusão da informação impulsionada pela ligação da informática com as telecomunicações que redundou nas redes de transmissão, acesso e troca de informações que hoje conectam todo o globo na constituição de novas formas de socialização e da cultura que vem sendo chamada de cultura digital ou cibercultura.

Neste ponto você pode estar se perguntando: Qual é a real importância do fato de esse receptor ter maior liberdade? De que modo isso afeta as relações de comunicação? Como isso pode afetar minha vida? No que isso pode transformar a sociedade como um todo? O receptor deixou finalmente de ser manipulado?

O sociólogo francês Dominique Wolton (2006), que trata o receptor da mensagem como o grande enigma da comunicação e "cujo interesse é crescente com a globalização da informação e da comunicação" (p. 33), afirma que a interatividade obriga a reexaminar a questão do receptor. Na opinião do autor, existem dois tipos de receptores de mensagens: o **hiperativo**, que gasta horas de seu dia em frente ao computador, e o **consumidor**, escravo dos "sistemas de informação interativos, apresentado como modelo da sociedade da informação" (Wolton, 2006, p. 34).

Wolton (2006) mostra os tipos de informação que o receptor utiliza. A primeira informação se refere à **imprensa**. Ligada à atualidade, o receptor utiliza a mídia para caracterizar o estatuto de cidadão. A segunda é a **informação de serviço**. Para Wolton (2006), em plena expansão, a cada dia somos os responsáveis diretos por nossas ações. Utilizando terminais, somos nós os responsáveis por acessar conteúdos de interesse, podendo ser informações de serviços públicos, informações privadas, de publicidade etc. A terceira informação apontada pelo autor é a **data**. Ligada ao desenvolvimento de dados, requer o mínimo de conhecimento da linguagem tecnológica. A quarta informação, a **de lazer**, em plena expansão, caracteriza-se por serviços de jogos e todo tipo de interação de divertimento. Por fim, a quinta categoria é a **militância**, que, segundo o autor, está ligada ao uso da internet por regimes totalitários, organizações não governametais (ONGs) e movimentos militantes críticos nas democracias.

Esse receptor de mensagens, que tem características como criticidade, interatividade, conectividade, está, ao mesmo tempo, multiconectado e sozinho. Não parece estranho? Analisemos isso sob a ótica comunicacional para compreender como isso se processa.

Hoje, certamente, você já acessou a internet várias vezes, não é mesmo? Já trocou *e-mails*, informações, fotos, matérias interessantes, memes e piadas. É provável que tenha percorrido os *sites* de notícias em busca de assuntos que lhe chamem a atenção. Essas ações são parte de sua rotina e de muitas pessoas.

Na opinião de Wolton (2006), embora possa se sentir livre, o homem moderno muitas vezes se encontra sozinho ou mesmo dessocializado. Isso se deve ao fato de que as antigas instituições sociais, antes refúgio imediato de todo ser humano, também estão em crise. Os contatos reais, na opinião do autor, seriam mais difíceis. "O que existe, em realidade, é uma espécie de triunfo, mágico e ambíguo, da modernidade com uma sociedade aberta, indivíduos livres, na busca sempre aventureira do outro por meio da comunicação" (Wolton, 2006, p. 32).

Entretanto, o receptor já não é tão facilmente manipulado pela mensagem. A informação enviada de forma massiva não é recebida da mesma forma por diferentes pessoas. Há a hipótese de que os indivíduos da contemporaneidade estão aprendendo a resistir. Podem até ser dominados pela comunicação e pelas mensagens, mas não são alienados. O receptor tem desenvolvido a capacidade de dizer *não*, ainda que de forma silenciosa (Wolton, 2006).

Em *Cultura da convergência* (2006), o norte-americano Henry Jenkins também aborda as transformações tecnológicas, mercadológicas, culturais e sociais, destacando "o fluxo do conteúdo que perpassa por múltiplos suportes e mercados midiáticos" (Jenkins, 2006, p. 29). O pesquisador de mídia analisa o comportamento migratório do público e destaca três conceitos: a convergência de mídia, a inteligência coletiva e a cultura participativa.

Para Jenkins (2006), não basta transferir o conteúdo de um meio ou canal para outro sem que haja uma adaptação da mensagem. É preciso criar possibilidades que tornem o receptor cada vez mais ativo, tendo, na palma das mãos, ferramentas que possibilitem interagir com qualquer indivíduo da mesma espécie em qualquer parte do planeta.

Para saber mais

O modo como a mídia circula tem sido uma temática de interesse desde 1951, com a publicação da obra de Harold Innis. Quer saber um pouco mais sobre o assunto? Leia:

INNIS, H. **O viés da comunicação**. Petrópolis: Vozes, 2011.

2.5
Os meios e os sujeitos se adaptam à velocidade da informação

Num mundo onde tudo se move, os indivíduos estão mais informados e trocam dados o tempo todo. Também estão mais expostos a apelos da mídia e da publicidade. São consumidores confrontados por inúmeras escolhas e responsáveis por administrar uma diversidade de informações nunca vista antes na história da humanidade. Você já se sentiu angustiado por não conseguir estar atualizado 24 horas por dia? Com medo de que alguém possa comentar algo sobre um assunto do qual você não tenha o mínimo conhecimento? E por isso acessa a internet o tempo todo?

Pesquisas revelam o quanto somos dependentes das novas tecnologias e como elas estão incorporadas em nossa forma de ser, pensar e agir. Essa dependência é ainda mais significativa entre os mais jovens, que hoje estão encantados com a possiblidade de interatividade e de compartilhamento.

Entre novembro de 2015 e junho de 2016, com o objetivo de traçar um perfil sobre o uso da internet entre os jovens, o Comitê Gestor de Internet no Brasil (CGI.br), por meio do Centro Regional de Estudos para o Desenvolvimento da Sociedade da Informação (Cetic.br), realizou uma pesquisa na qual entrevistou de forma presencial 6,1 mil crianças e adolescentes e mais 3 mil pais ou responsáveis, em 350 municípios brasileiros (Cetic, 2018).

Os dados coletados foram surpreendentes, pois mostraram que 80% da população brasileira, na faixa etária entre 9 e 17 anos, utiliza a rede mundial de computadores. Ainda, segundo dados extraídos do *site* do governo federal (Brasil, 2017a), o percentual dos que se conectam mais de uma vez por dia subiu de 21% em 2014 para 66% em 2015. Os jovens da Região Sul são os que mais acessam a internet (90%), seguidos dos jovens do Sudeste (88%), do Nordeste (71%) e do Norte (56%).

E como essa tecnologia interferiu (continua interferindo) e modificou (e ainda modifica) os meios de comunicação? De que forma a tecnologia mudou a linguagem da mídia, a forma de propagar a informação, a forma de atingir esse receptor de mensagem cada vez mais crítico?

Antes da década de 1990, quando as tecnologias da informação não eram tão populares, a forma de interação era muito diferente. Escrever uma carta era um ato cerimonial. Primeiro, era necessário dispor de caneta e papel. Após escrever a carta, era preciso ir até a agência de correio mais próxima, comprar um selo e enviá-la. A carta levava de cinco a dez dias para chegar ao destinatário. Entretanto, a emoção de receber uma correspondência era, sem dúvida, muito diferente do ato de receber um *e-mail*. A espera, a espectativa e a emoção eram fatores psicólogicos imporantes nesse processo.

As demais informações circulavam no interior da sociedade – as notícias, por exemplo chegavam por veículos tradicionais. O rádio, considerado o mais instantâneo de todos, conseguia dar informações em primeira mão. Era possível "linkar" com o estúdio utilizando equipamentos de transmissão que não necessitavam de instalações prévias. Lembre-se de que não havia celular. Hoje, as emissoras de rádio dispõem dessa tecnologia, que possibilita que a informação chegue ainda mais rapidamente ao ouvinte.

A televisão, ao contrário, era mais lenta nesse processo. Para fazer uma transmissão ao vivo, eram necessários inúmeros equipamentos e o deslocamento da equipe. Normalmente, o material era produzido durante o dia e ia ao ar apenas em horário nobre. Como único veículo a usar vídeo, chamava a atenção da maior parte dos telespectadores. No Brasil, era muito comum famílias se reunirem todas as noites para assistir ao telejornal. O mais tradicional e famoso deles sempre foi o *Jornal Nacional*, que foi ao ar pela primeira vez em 1969.

O jornal impresso, sem acesso algum à internet na época, conseguia dar uma notícia apenas no dia seguinte; entretanto, com características muito diferentes das dos outros veículos, pois podia apronfundar os fatos. No início, não eram utilizadas imagens, apenas textos. Com o surgimento da fotografia, esse cenário foi mudando. Além disso, investiu-se em estudos de diagramação para atrair o leitor. A revista, por sua vez, levava uma semana para ser concluída. E isso tinha uma razão de ser. Sua característica sempre foi primar por matérias especiais, mais completas. Portanto, ao leitor, restava apenas esperar a próxima edição.

2.5.1
Veículos e informação em cada época

Nesta seção, compararemos três fatos importantes ocorridos em épocas diferentes, os quais marcaram a história da humanidade, para que você compreenda a ascensão das tecnologias e seu impacto na forma de transmissão de informações.

O primeiro deles, de grande repercussão midiática, aconteceu em 28 de janeiro de 1986. Nesse dia, direto do Cabo Canaveral, no estado da Flórida, nos Estados Unidos, a agência espacial norte-americana (National Aeronautics And Space Administration – Nasa) promoveu a oitava missão do ônibus espacial Challenger. Até esse momento da história você pode achar que não há nenhuma novidade. Entretanto, esse lançamento foi cercado por uma cobertura midiática impressionante, pois, pela primeira vez na história da Nasa, uma civil participaria de uma missão espacial.

A selecionada foi a professora de História Sharon Christa Corrigan McAuliffe. Todo o treinamento da docente, que durou um ano, foi acompanhado pela grande mídia norte-americana e divulgado em todo o mundo. Durante um ano, o salário de Sharon foi custeado pela Nasa.

A mídia acompanhou de perto toda a história. Matérias foram ao ar abordando a expectativa da professora e dos estudantes norte-americanos, a opinião da população e dos familiares de Sharon. Tudo foi exposto pela imprensa, criando um clima de espera entre os norte-americanos e as pessoas do mundo todo.

No entanto, 73 segundos após o lançamento do Challenger, no Cabo Canaveral, o ônibus espacial explodiu, matando todos os tripulantes.

Muitas pessoas ao redor do mundo só puderam ver as imagens do acidente tempos depois e apenas pelo noticiário televisivo ou nas fotos publicadas pelos jornais no dia seguinte. A tecnologia ainda era insuficiente e não havia como acompanhar o desenrolar dos fatos em tempo real. Algo inimaginável para sua realidade, não é mesmo?

É claro que o assunto tomou conta das rodas de amigos, dos jantares em família, das conversas na escola. Afinal, um fato noticiado por tanto tempo e insistentemente explorado pela mídia gerou interesse significativo nos cidadãos do mundo todo. Entrementes, conseguir uma informação nova sobre o caso, ter a experiência de assistir a vídeos de ângulos diferentes do mesmo acidente, ter acesso a imagens e depoimentos fora do que a grande mídia queria e podia publicar era algo inimaginável. Nesse sentido, restava ao receptor da mensagem aceitar a versão que chegava até ele, sem poder questionar o que realmente havia acontecido.

Agora, analisemos outra situação. Desta vez, os atentados de 11 de setembro de 2001. Provavelmente, todos que hoje têm mais de 25 anos lembram o local e o que estavam fazendo no momento em que a primeira torre do *World Trade Center* foi atingida por um avião.

Exatamente às 8h46, o voo 11 da American Airlines colidiu com a primeira torre. Nesse momento, milhões de telespectadores começaram a acompanhar ao vivo pela televisão, pelo rádio e também pela internet (mas sem a tecnologia que conhecemos hoje) o desenrolar de um drama mundial. Redações no mundo todo entraram em colapso. Jornalistas, redatores, editores foram surpreendidos. Na ânsia de repassar informações novas e em primeira mão para estar à frente dos demais veículos de comunicação, muitos jornais impressos começaram a imprimir edições especiais ao longo do dia.

Estudos foram feitos sobre como as pessoas tiveram acesso à informação nesse evento que mudou o curso da história. Na época, a internet não estava estruturada como a conhecemos hoje. Portanto, os veículos de comunicação de massa que usavam plataformas entraram em colapso. A saída foi utilizar *blogs* e outros ambientes digitais da época, como lista de discussões por *e-mail* ou mesmo comunidades virtuais, para ter acesso à informação.

Por fim, lembremos um evento mais atual. Em 13 de novembro de 2015, a França sofreu um dos piores ataques terroristas de sua história. A tradicional casa de *shows* Bataclan foi invadida por homens armados, que atiraram nos frequentadores por dez minutos. Em outros pontos da cidade, explosões podiam ser ouvidas, inclusive perto do *Stade de France,* local de um jogo amistoso entre as seleções de França e Alemanha. Os ataques, assumidos pela organização terrorista Estado Islâmico, contabilizaram 130 mortes.

Ao contrário dos dois exemplos citados anteriormente, a cobertura do atentado foi em tempo real e feita não apenas pelos veículos de comunicação de massa, mas, principalmente, pelos usuários das redes sociais. Em segundos, o Facebook foi inundado por fotos, vídeos e depoimentos. Muitos tentavam localizar parentes e amigos utilizando a rede. Outros começaram a fazer a "cobertura do evento" como verdadeiros profissionais de imprensa. As informações circulavam, ora verídicas, ora infundadas, numa velocidade sem limites.

O episódio mostrou que, embora a mídia tenha um importante papel de mediadora na divulgação dos fatos, com o advento das tecnologias, ela não é mais a única fonte de informação disponível. Hoje, com a crescente possibilidade da emissão de informações, o cidadão, cada dia mais crítico e com acesso às tecnologias, pode dar seu parecer sobre determinado fato e assunto em tempo real. Essa democratização tem entre suas vantagens a possibilidade de acessarmos outro ponto de vista sobre o conteúdo que vinha sendo distribuído muitas vezes apenas por um único veículo ou agência de notícias. Agora, a mídia tem um concorrente poderosíssimo: o cidadão comum.

2.6
Os meios têm poder de manipulação?

Você considera o receptor de mensagem brasileiro inteiramente manipulado pela mídia? Em sua opinião, que poder esses veículos de comunicação exercem sobre a sociedade brasileira? Você entende que a mídia contribuiu diretamente para a atual situação socioeconômica do país?

Novamente, vale buscarmos fundamentação nas teorias da comunicação de massas. As primeiras análises, ligadas diretamente ao viés psicológico do receptor da mensagem, davam conta de que um sistema de comunicação onipotente influenciava diretamente nas escolhas de receptores, considerados até então atomizados, indefesos e isolados. Era a **fórmula estímulo/resposta**.

Posteriormente, investigações a respeito dos efeitos dos meios levaram em conta as diferenças individuais dos sujeitos. Já não se consideravam os efeitos dos meios estritamente deterministas. "A personalidade do receptor individual era percebida como um filtro modificador do efeito" (Kunczik, 2002, p. 290).

Entretanto, estudiosos reconheceram que a estrutura da personalidade varia de uma pessoa para outra e que as diferenças podem fazer os sujeitos responderem de maneiras distintas a uma mesma mensagem. Conceitos como **atenção e percepção seletivas** receberam um interesse especial dos pesquisadores.

Klapper (1960, citado por Kunczik, 2002, p. 290) explica que "os meios interagem com outros fatores intermediários que são de tal natureza que normalmente a comunicação de massa não é sua única causa, mas apenas um fator entre vários que reforçam as condições já existentes". Portanto, os meios tendem mais a reforçar do que a mudar uma decisão eleitoral, por exemplo.

Com o enfoque em "usos e gratificações", ainda na década de 1960, foram desenvolvidos fundamentos teóricos que levaram à conclusão de que o receptor tem influência ativa no processo do efeito da mensagem. O **consumo seletivo** de mensagem seria orientado pelas necessidades.

Não se indaga de que modo os meios de comunicação influem no receptor, mas que usos este faz dos referidos meios. A análise concentra-se nas funções do consumo de mensagens, e não nas intenções do comunicador. A pergunta que se faz é: quem, emprega quais conteúdos, de quais mensagens, sob quais condições ou circunstâncias, por quais efeitos? Presume-se que a pessoa tem necessidades, que busca ativamente satisfazê-las, que os meios de comunicação de massa oferecem uma possibilidade de satisfazê-la e que são devidamente selecionados e consumidos. (Kunczik, 2002, p. 291)

Entretanto, se abordamos tais fenômenos pelo viés do pensamento de Adorno e Horkheimer, pertencentes à Escola de Frankfurt, fundada em 1924, certamente, o olhar sobre a mídia será o de **moldar e direcionar opiniões**. Para os autores frankfurtianos, os meios de comunicação são apenas empresas que vendem produtos como se fossem bens culturais ou artísticos. Os receptores, por sua vez, são vítimas dessas indústrias, tendo o gosto padronizado e sendo induzidos a consumir produtos de baixa qualidade. Os meios são, nessa perspectiva, os responsáveis por moldar e direcionar a opinião dos receptores.

Mas, se analisarmos algumas características da sociedade contemporânea, podemos discordar da opinião desses dois estudiosos da comunicação. Afinal, com o advento das tecnologias, nossa relação com o mundo se modificou. Não é mais preciso esperar o noticiário televisivo noturno para discutir determinado assunto que está em pauta, nem mesmo aguardar a análise dos diários no dia seguinte. Agora, a informação é instantânea, imediata e pode ser compartilhada em tempo real em qualquer parte do mundo.

Independentemente de culturas, hábitos, formas de ver e agir, a comunicação chega a todos em tempo real e cada um, conforme sua realidade, tem a liberdade de concordar ou discordar, compartilhar ou guardar para si, opiniar ou apenas observar o desenrolar dos fatos. Seria essa finalmente a democratização da informação?

No entanto, o repetitivo discurso da eterna manipulação das massas – reforçado por muitos estudiosos das tradicionais escolas da teoria da comunicação – e da incapacidade dos receptores de lutar contra o poderio das grandes corporações midiáticas e da influência da mídia no modo de pensar e agir das pessoas torna difícil perceber que o indivíduo da sociedade contemporânea começa a se libertar das amarras de vítima da mídia.

Segundo Ladeira (2015), todos estamos envoltos em uma "bolha ideológica", condicionados a interpretar e agir sobre o mundo. Cada sujeito, em suas experiências, faz juízo de valor de determinadas situações e assuntos.

Um sujeito com pensamento político de esquerda certamente não se deixará influenciar por uma matéria publicada em um veículo de comunicação cuja linha editorial defenda ideias políticas de direita. O mesmo acontece se as opiniões políticas forem inversas. De acordo com Ladeira (2015), as ideias esboçadas pelos meios provêm de mecanismos psicológicos já existentes.

Entretanto, o autor lembra que casos de linchamento, como os ocorridos no Brasil em 2014, foram consequência de discursos inflamados proferidos por alguns profissionais de imprensa, aliados a matérias de programas policialescos.

A descrença na justiça e na polícia e o julgamento midiático estimularam a prática desses crimes.

Recorrendo ao linguista e filósofo suíço Ferdinand de Saussure (1857-1913), Ladeira (2015) ressalta ainda que até mesmo um analfabeto funcional[1] não seria um alvo vulnerável à suposta persuasão midiática. E completa:

> Não obstante, a mídia é apenas um, entre vários quadros ou grupos de referência, aos quais um indivíduo recorre como argumento para formular suas opiniões. Nesse sentido, competem com os veículos de comunicação como quadros ou grupos de referência fatores subjetivos/psicológicos (história familiar, trajetória pessoal, predisposição intelectual), o contexto social (renda, sexo, idade, grau de instrução, etnia, religião) e o ambiente informacional (associação comunitária, trabalho, igreja). (Ladeira, 2015)

Entretanto, há os que apontam que a mídia nunca foi tão manipuladora como hoje e que seu poder de persuasão continua influenciando a forma de pensar e de agir de uma sociedade. O escritor e mestre em Comunicação Washington Araújo (2010) é categórico ao afirmar que é imenso o poder de persuasão dos meios. Manchetes de jornais, chamadas de TV, notícias na internet, comentários no rádio, todos seriam suporte para o campo midiático, ganhando notória repercussão e espalhando-se numa velocidade alucinante.

Ainda de acordo com Araújo (2010), não faz muito tempo que a academia passou a considerar a mídia como produtora de sentidos e não somente mediadora entre os campos:

---

[1] Indivíduo que, embora saiba reconhecer letras e números, é incapaz de compreender textos simples ou mesmo realizar operações matemáticas mais elaboradas.

é no contexto da mídia como produtora de sentidos que percebemos que a visibilidade midiática se revela quase sempre através da massificação dos conteúdos jornalísticos, que movimentam um verdadeiro mercado no qual o consumo da informação não tem fronteiras econômicas, políticas, sociais, culturais ou comportamentais. É fato que em nossa sociedade do consumo da informação, da agilidade e da instantaneidade das notícias, ocorre a busca pelo que carregue nas tintas da diferença, do não similar, do que trafega entre o grandioso e o épico, da aberração que se encaminha para a espetacularização pura e simples, se assim podemos dizer.

Para saber mais

No Brasil, emissoras de rádios e TV são concessões públicas. A lei que regulamenta a radiodifusão é datada de 1962. Para ser executado, todo serviço de radiodifusão no Brasil precisa ser outorgado pelo Ministério das Comunicações e autorizado pela Agência Nacional de Telecomunicações.

Quer saber mais sobre regulamentação da mídia? Assista ao vídeo do programa "Ver TV", produzido pela TV Brasil:

TV BRASIL. Ver TV discute a regulação da mídia. Disponível em: <https://www.youtube.com/watch?v=1jOUxiFwWbo>. Acesso em: 3 set. 2018.

2.7
Confiabilidade da mídia brasileira

É inegável que a mídia desempenha um papel importante na sociedade contemporênea. Contudo, muito se questiona sobre a concentração desses veículos de comunicação de massa nas mãos de poucas empresas ou famílias. Dessa forma, discutem-se a democratização dos meios, a restrição a propriedades cruzadas[2] de veículos midiáticos e o incentivo ao surgimento de veículos alternativos, como rádios comunitárias.

Esses temas ganharam significado sobretudo após a divulgação de duas importantes pesquisas em 2017 que retratam o atual cenário da mídia brasileira, bem como sua confiabilidade. A primeira se refere aos indicadores de pluralidade da mídia. Realizada pelo Intervozes com a Repórteres sem Fronteira e intitulada *Monitoramento da propriedada da mídia no Brasil*, a pesquisa mapeou os 50 principais veículos de mídia brasileiros (Media Ownership Monitor Brasil, 2018). Essa é uma versão de um projeto internacional realizado na Alemanha.

Dos 50 veículos com maiores índices de audiência, nove pertencem ao Grupo Globo, 5 pertencem ao Grupo Bandeirantes, 5 pertencem à família Macedo (controladora do Grupo Record e da Igreja Universal), 4 fazem parte da RBS e 3 são da Folha de S.Paulo. Cada uma das empresas restantes possui apenas um dos meios de comunicação pesquisados.

O monitoramento analisou indicadores como: controle político dos meios de comunicação; financiamento político da mídia; proteção legal que garanta a diversidade e o impedimento da concentração na mídia; e oligopólio do mercado midiático. Os dados coletados mostraram um cenário alarmante. O Brasil apareceu com o pior conjunto entre os índices analisados em países como Peru, Sérvia, Gana e Turquia.

---

[2] "é quando o mesmo grupo controla diferentes mídias, como TV, rádios e jornais. Na maior parte das democracias consolidadas, há limites a essa prática por se considerar que ela afeta a diversidade informativa. No Brasil, não existem limites, e justamente por isso esse é um dos temas em pauta no debate sobre uma nova lei para os serviços de comunicação audiovisual" (Brant, 2011).

Com relação à audiência, tomando como referência a televisão, quatro grandes redes atingem 70% do público nacional. A Rede Globo concentra 36,9% do mercado. O segundo lugar, com o SBT, atrai 14,9% do total de audiência, contra 14,7% da Record e 3,5% da Band.

"A concentração da mídia também é geográfica. Três quartos das matrizes dos maiores grupos de mídia estão localizadas em São Paulo e mais de 90% das redes localizam-se na 'região concentrada', ou seja, Sul e Sudeste" (Pasti et al., 2017).

Outro fator que deve ser levado em consideração é a propriedade cruzada dos meios no Brasil. Um único grupo concentra rádio, redes de TV aberta e fechada, múltiplos jornais, revistas e portais de internet. Grupos de mídia ainda estão diretamente ligados ao agronegócio, à área de educação básica e universitária, a alguma denominação religiosa e ao setor financeiro.

Surpreso? Embora a primeira pesquisa aponte que a mídia no Brasil está nas mãos de poucos e seletos grupos econômicos e que o meio é dominado por famílias tradicionais que há anos transitam entre a comunicação e a política, um estudo publicado em junho de 2017 revela dados que podem levar você, caro leitor, a outros questionamentos importantes:

> Segundo pesquisa feita pelo Instituto Reuters para o Estudo do Jornalismo, da Universidade de Oxford, na Inglaterra, 60% dos entrevistados no Brasil confiam nas notícias veiculadas pelas empresas de comunicação — atrás apenas da Finlândia, com 62%. Foram entrevistadas mais de 70 mil pessoas em 36 países. A confiança também é alta em Portugal, Polônia e Holanda, mas, na Coreia do Sul, fica em 23%. A média dos países pesquisados é de 43%. (ANJ, 2017)

Para saber mais

Se quiser saber mais sobre a história da televisão brasileira no panorama social e político nacional, sugerimos esta obra:

MATTOS, S. **A história da televisão brasileira**: uma visão econômica, social e política. Petrópolis: Vozes, 2010.

Perguntas & Respostas

Os receptores de mensagem realmente são o grande enigma da comunicação, como afirma Wolton (2006)? Seriam eles os responsáveis pelas mudanças nos veículos de comunicação, principalmente o impresso – que, atualmente, encontra-se em colapso?

Definitivamente, o surgimento das redes sociais e o acesso às novas tecnologias criaram um novo personagem na história da comunicação: um receptor de mensagem mais ativo, crítico e participativo. Já não é mais possível crer que todos os cidadãos do planeta são atingidos da mesma forma pela mesma mensagem. Cada qual apresenta seu ponto de vista, conforme sua realidade social, econômica e cultural. Além disso, esse mesmo receptor tem a possibilidade de expor exatamente o que pensa da maneira que bem entender.

Além de ativo, esse novo receptor ainda pode se tornar um produtor de informação, já que dispõe de aparelhos que filmam, fotografam e reproduzem em tempo real. É a era da tecnologia que mostra sua forma. Portanto os veículos de comunicação de massa precisam se reinventar. É a necessidade de um novo jornalismo que bate à porta todos os dias.

Síntese

Neste capítulo, você pôde:

- aprender conceitos tratados na teoria da comunicação;
- perceber como ocorre o processo de comunicação, lembrando que o ato de comunicar é um processo que não tem princípio ou fim definidos;
- refletir sobre o papel social da mídia e a nova realidade cultural imposta pelo advento das novas tecnologias;
- analisar o papel do receptor da mensagem na contemporaneidade com suas novas características e possibilidades;
- perpassar a forma como os veículos realizam suas coberturas e refletir sobre o poder de manipulação e a confiabilidade da mídia brasileira.

Questões para revisão

1) Wolton (2006) afirma que a comunicação resulta de duas dimensões: a normativa e a funcional. Para ele, cada uma remete a um dos sentidos da palavra *comunicação*. A normativa corresponde ao ato de informar, compartilhar, compreender. Já a funcional corresponde ao fato de que "nas sociedades modernas muitas informações são necessárias para o funcionamento das relações humanas e sociais" (Wolton, 2006, p. 15). Para o autor, há uma diferenciação entre comunicação e informação. Avalie as seguintes considerações feitas por esse pensador sobre mensagem e informação:
   I) A informação está ligada à mensagem.
   II) A comunicação é um processo de apropriação.
   III) A comunicação se dá por meio da relação entre emissor, mensagem e receptor.

IV) A comunicação é um processo mais complexo do que a informação.

V) A comunicação só ocorre efetivamente se o emissor da mensagem está atento ao receptor.

Assinale a alternativa correta:

a) Todas as afimações estão corretas.
b) As afirmações I e II estão incorretas.
c) Todas as afirmações estão incorretas.
d) Apenas as afirmações II e IV estão corretas.
e) As afirmações II, III e V estão corretas.

2) Leia o trecho a seguir:

É com o apelo de conversar com o mundo que as tecnologias de comunicação pela internet reinventam todos os dias a atividade de fazer e receber notícias. Acessíveis a todos, as novas formas de trocar mensagens com texto, áudio e vídeo na rede transformam o jornalismo em uma conversa de um para um, um para muitos, muitos para muitos.

Você pode ser um produtor de informação, um criador dentro da rede. Esse é o poder dos blogs, flogs, vlogs e podcasts. Com um simples e-mail ou uma mensagem enviada por celular, é possível também responder a quem redigiu a notícia ou artigo, mostrar ao autor o seu ponto de vista. Você tem o poder de transformar a comunicação em um caminho de duas mãos.

A separação rígida entre os que fazem as notícias e os que recebem as informações desaparece no mundo virtual. Os profissionais da comunicação têm agora milhares de aliados na tarefa de apurar fatos, conhecer novidades, reunir e comentar informações. Qualquer um pode fazer notícia. O modelo tradicional, que distingue os emissores dos receptores da informação, deu lugar à comunicação feita por meio da colaboração. (Foschini; Taddei, 2006, p. 9)

Considere as asserções a seguir:

I) A afirmação de Foschini e Taddei (2006) nos leva a refletir que o receptor da mensagem passou por transformações significativas com o advento das tecnologias, tendo agora a oportunidade de expor ideias, anseios e perspectivas. É a vitória do receptor, conforme afirma Wolton (2006).

PORTANTO

II) O receptor de mensagens da contemporaneidade, mais do que nunca, está livre para aceitar, rejeitar, repensar e negociar mensagens recebidas. É também um produtor de conteúdo.

Assinale a alternativa correta:

a) As asserções I e II são proposições verdadeiras, e a II é uma justificativa correta da I.
b) As asserções I e II são proposições verdadeiras, mas a II não é uma justificativa correta da I.
c) A asserção I é uma proposição verdadeira, e a II é uma proposição falsa.
d) A asserção I é uma proposição falsa, e a II é uma proposição verdadeira.
e) As asserções I e II são proposições falsas.

3) Analise esta citação:

Não obstante, a mídia é apenas um entre vários quadros ou grupos de referência, aos quais um indivíduo recorre como argumento para formular suas opiniões. Nesse sentido, competem com os veículos de comunicação como quadros ou grupos de referência fatores subjetivos/psicológicos (história familiar, trajetória pessoal, predisposição intelectual), o contexto social (renda, sexo, idade, grau de instrução, etnia, religião) e o ambiente informacional (associação comunitária, trabalho, igreja). (Ladeira, 2015)

Com base na citação de Ladeira (2015) e na leitura do capítulo, assinale a alternativa correta:

a) A mídia é a única e a mais forte fonte que permite o receptor formular opiniões.

b) Além da mídia, a sociedade conta com outros grupos de referência para formular suas opiniões, como o próprio histórico familiar, o contexto social e demais ambientes informacionais.

c) Na opinião de Araújo (2010), a mídia perdeu, ao longo dos anos, seu poder de persuasão.

d) O poder de persuasão da mídia brasileira é de pequeno alcance, pois a restrição a propriedades cruzadas evita que os veículos estejam nas mãos de poucos grupos empresariais.

e) Nenhuma das alternativas está correta.

4) Assinale a alternativa correta:

a) O receptor da mensagem continua sendo passivo, mesmo na era tecnológica. A convergência das mídias não contribui para que o sonho da liberdade do fluxo de informações seja definitivamente concretizado.

b) Para Wolton (2006), o receptor da mensagem é o grande enigma da comunicação. De acordo com o autor, existem dois tipos de receptor de mensagem: o hiperativo, que gasta horas de seu dia em frente ao computador, e o consumidor, escravo dos "sistemas de informação interativos".

c) Para Jenkins (2006), não é necessário criar possibilidades que tornem o receptor de mensagem cada vez mais ativo.

d) Todas as alternativas estão corretas.

5) Com objetivo de relembrar, fixar e compreender alguns conceitos, defina: **cultura**; **massa**; **cultura de massa**; **indústria cultural**; **cibercultura**; e **cibermídia**.

6) Como, para Wolton (2006), no decorrer dos anos, o receptor da mensagem triunfou, passando a ter mais liberdade e sendo menos manipulado?

Estudo de caso

A seguir, apresentamos um caso verídico que nos faz refletir sobre como a mídia pode ser responsável, direta ou indiretamente, pelo pré-julgamento da opinião pública. Trata-se de um caso que contou com uma sucessão de erros da polícia, do Judiciário e, principalmente, da imprensa. Os danos foram tantos que até hoje veículos de comunicação respondem na justiça pelas acusações infundadas.

Em 1994, o caso Escola Base abalou a opinião pública. Duas senhoras procuraram uma delegacia para registrar um boletim de ocorrência contra os donos de uma escola infantil de São Paulo, acusando-os de estupro contra duas crianças de 4 anos, filhos das denunciantes. Iniciada a apuração dos fatos, foram realizados o exame de corpo de delito e a diligência para se verificar se nas casas dos dois casais sócios da escolinha havia material pornográfico ou outras provas do crime. O laudo do IML no exame das crianças, por sua vez, confirmava a prática de atos libidinosos. No entanto, nas residências, nada relevante foi encontrado.

O veículo de imprensa que acompanhava o caso até aquele momento decidiu não publicar a notícia por considerar frágeis as provas e o laudo emitido (Maia, 2016).

Na sequência da investigação, o casal prestou depoimento e negou a autoria do crime, inclusive mostrando-se bastante impactado pelo teor das acusações. Nesse ínterim, revoltada, uma das mães entrou em contato com uma grande emissora de televisão, a qual decidiu publicar uma reportagem sobre a ocorrência no principal telejornal nacional (Maia, 2016).

Na esteira da cobertura, inúmeros jornais e revistas do país passaram a tratar o assunto com manchetes bastante apelativas, sensacionalistas e impactantes, muitas vezes acompanhadas da imagem da escola. A população ficou indignada com o caso e algumas pessoas passaram a ameaçar de morte os acusados, que, assustados, fugiram. Inflamadas, outras pessoas invadiram e destruíram a escola. Também houve depredação das casas dos acusados, e pichações com xingamentos e ofensas foram feitas nos muros das residências.

Com o desenrolar do caso, um dos casais resolveu se pronunciar e expôs aos jornalistas sua versão dos fatos, a qual até então tinha sido completamente desconsiderada pela mídia. A prisão preventiva dos acusados foi decretada, mas dois deles foram liberados poucos dias depois por falta de provas.

Com tamanha repercussão, o Ministério Público teve de intervir e nomear um novo responsável pela investigação. Depois de novos exames e da colaboração de especialistas – como psicólogos os suspeitos foram inocentados e decidiu-se pelo arquivamento do caso.

Diante desse desfecho, as publicações na imprensa foram infinitamente menos estrondosas. Apesar de inocentados, os acusados não conseguiram retomar suas vidas com normalidade, e ações de indenização contra os acusadores, a imprensa e o Estado foram movidas por eles, ora com sentenças favoráveis a uma parte, ora a outra.

Quer saber mais sobre esse caso? Leia:

BAYER, D.; AQUINO, B. Da série "Julgamentos históricos": Escola Base, a condenação que não veio pelo Judiciário. **Justificando**, 10 dez. 2014. Disponível em: <http://justificando.cartacapital.com.br/2014/12/10/da-serie-julgamentos-historicos-escola-base-a-condenacao-que-nao-veio-pelo-judiciario/>. Acesso em: 5 set. 2018.

Momento de reflexão

Após o estudo do capítulo e do caso exposto, reflita sobre as seguintes questões:

Afinal, qual é o poder real dos veículos de comunicação? Será que são os únicos responsáveis por convencer o receptor de mensagem?

Como os ruídos de comunicação podem deturpar uma informação e causar a destruição da vida das pessoas?

É possível confiar em todas as informações repassadas pela mídia?

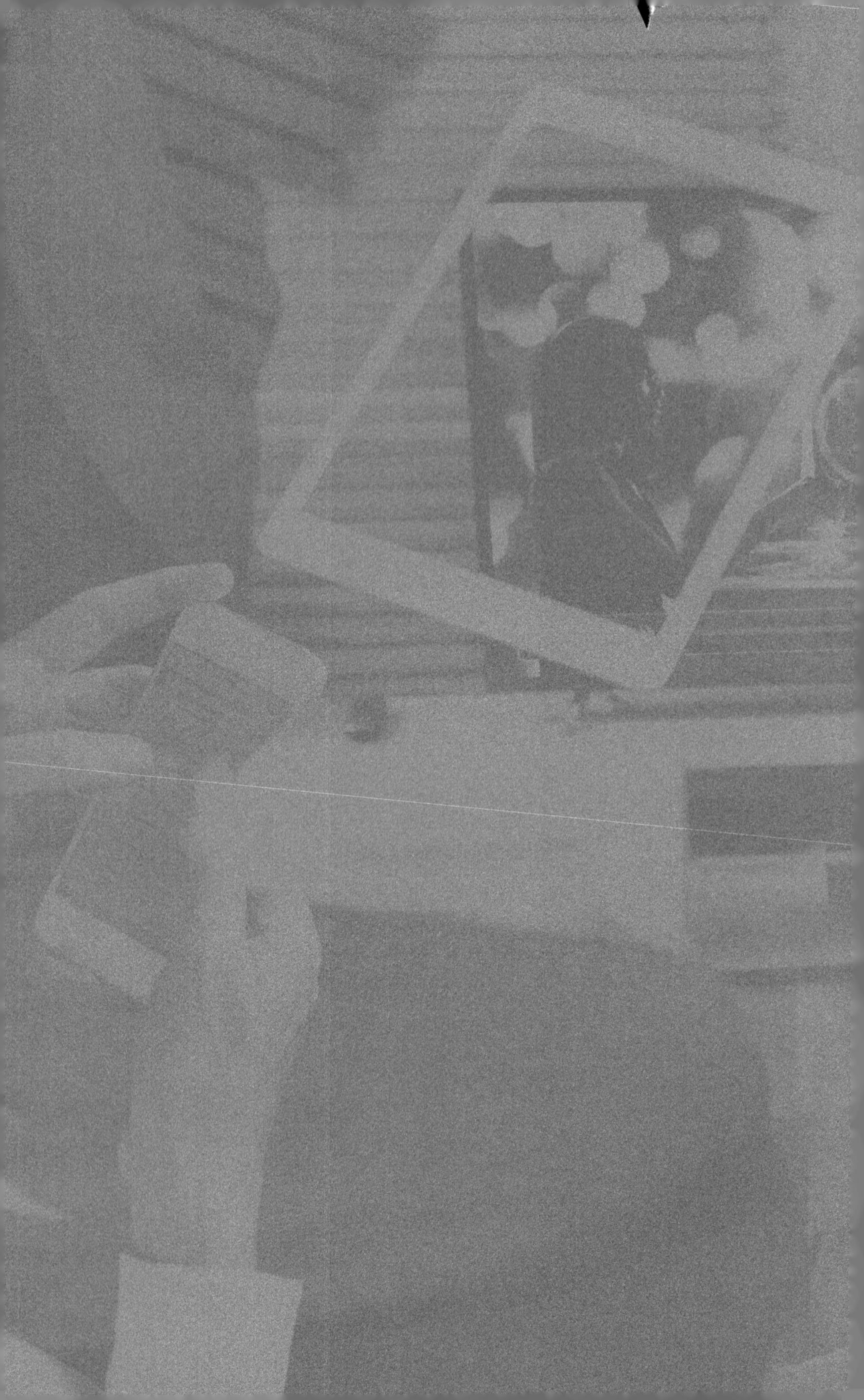

3
Linha editorial e poder de persuasão

Conteúdos do capítulo:

- Linha editorial adotada pelos veículos de comunicação de massa.
- Poder de persuasão do jornalismo e da publicidade.
- Papel do receptor da mensagem.
- A história da imprensa.
- Agendamento da mídia.

3.1
Força da persuasão

A palavra *persuasão* deriva do latim *persuadere* e seu significado está relacionado à intenção de convencer. Pode ser definida também como uma estratégia para induzir uma pessoa a aceitar uma ideia.

Desde os primórdios dos estudos da teoria da comunicação, esse conceito sempre esteve atrelado diretamente aos meios de comunicação, vistos como os grandes responsáveis pela manipulação da massa. Entretanto, a prática da persuasão antecede o surgimento dos meios, e as discussões sobre seus efeitos datam do apogeu da civilização grega, na Antiguidade.

Aristóteles, discípulo de Platão, desenvolveu a arte da **retórica**, que tem, em sua essência e em um contexto específico, o poder de articular recursos persuasivos. Essa teoria atrai estudiosos que atuam no campo das ciências sociais. Muitos têm se debruçado sobre os motivos que levam algumas pessoas a estarem mais aptas a persuadir do que outras, que têm mais tendência a serem persuadidas.

Alguns profissionais costumam investir em cursos que prometem ensinar técnicas tanto para atrair a atenção do público quanto para persuadi-lo. Líderes religiosos, grandes palestrantes, professores e, principalmente, políticos encontram na retórica uma forma de convencimento.

Por falar em políticos, o diplomata, historiador, poeta e músico Nicolau Maquiavel sabia exatamente como ensiná-los não apenas a conquistar o poder, mas também a mantê-lo. Nascido em Florença, na Itália, Maquiavel escreveu o clássico *O príncipe,* obra em que aconselha os monarcas sobre como zelar pelos próprios interesses e manter os súditos sob intensa manipulação e obediência.

Entre os mandamentos estabelecidos por Maquiavel (2015) estão: zelar apenas por interesses próprios; não honrar a ninguém, a não ser a si mesmo; fazer o mal, mas fingir que a o bem; cobiçar e procurar fazer tudo o que puder; ser miserável; ser brutal; lograr o próximo tanto quanto possível; matar os inimigos e, se necessário, os próprios amigos; usar a força em vez da bondade no tratamento com o próximo; e, por fim, pensar exclusivamente na guerra.

Na sociedade contemporânea, somos expostos a vários discursos persuasivos, mas nem todos nos atingem da mesma forma e com a mesma intensidade. Para DeFleur e Ball-Rokeach (1993), foi durante a Primeira Guerra Mundial que nasceu a crença de que a comunicação molda a opinião pública. Na perspectiva da teoria da bala mágica, acreditava-se no poder dos efeitos diretos e imediatos de estímulos sobre o receptor da mensagem. A teoria se mostrou ineficiente, mas abriu brechas para novos estudos referentes aos efeitos causados pela transmissão das mensagens.

Lemos (2014, grifo nosso) propõe uma divisão entre funções midiáticas:

> As mídias de **função massiva** são, em sua maioria, concessão do Estado, controlam o fluxo da informação que deve passar pelos mediadores profissionais, instituem e alimentam um público (audiência, consumidores, massa) e são mantidas por verbas publicitárias, grandes empresas e grupos políticos. Estas mídias criaram a esfera e a opinião públicas modernas. São mídias de informação. As **mídias de função pós-massiva** surgem com as possibilidades ampliadas de circulação da

informação com a globalização das redes telemáticas. O fluxo é descentralizado, típico de uma rede heterogênea, sem centro. A emissão é aberta, sem controle, mais conversacional. São pequenas, médias e grandes empresas [...].

A respeito das tensões no interior do ecossistema midiático, Lemos (2014) acrescenta que é necessário considerar sua expansão: "Novos formatos de associação emergem, como os ditos crossmídia ou transmídia e novas práticas conversacionais e informacionais surgem".

Segundo o pesquisador da cibercultura, não seria possível observar, sob o mesmo viés, veículos tão distintos como o jornal impresso, um programa de televisão, um canal do YouTube ou mesmo o perfil do Facebook. Esclarecendo de que não se trata de uma contra outra, mas de uma estrutura sobre a outra.

Lembre-se dos temas abordados no capítulo anterior, quando discutimos o papel do receptor da mensagem na sociedade da informação e abordamos a influência da mídia e de seu conteúdo em nosso dia a dia. Agora, deve estar claro que, em razão da exposição midiática diária, somos bombardeados por informações que, certamente, tentam nos persuadir.

Examinemos algumas situações. Primeiro, consideremos uma área de alto poder de persuasão: publicidade e propaganda. Com a Revolução Industrial, a área ganhou notoriedade e se tornou ferramenta importante de propagação dos novos conceitos que se estabeleceram.

Publicidade é tornar pública ou divulgar uma ideia, sem que isso implique necessariamente a persuasão. A **propaganda** é responsável pela divulgação de um produto ou um serviço ao consumidor. É vista como responsável direta em induzir o consumidor a adquirir determinado produto.

Para Durandim (1995, citado por Marshall, 2003), as definições de publicidade e propaganda não estão em consonância com a realidade, pois ambas têm um objetivo em comum, o de modificar a conduta das pessoas. Historicamente, o conceito vem do latim *propagare*, que significa "estender", e surgiu em 1622.

O poder de persuasão da propaganda foi estudado por várias escolas da teoria da comunicação, principalmente pela ligação direta entre as propagandas de governos ditatoriais e o convencimento das massas no período da Segunda Guerra Mundial.

A forma como os veículos e a comunicação de modo geral foram utilizados nessa época chamou a atenção de várias escolas que se dedicavam a entender os meios e seus efeitos sobre a sociedade. Entretanto, nenhuma das correntes foi tão crítica em suas análises como a Escola de Frankfurt, fundada em 1924 e formada por pensadores judeus.

O modelo filosófico adotado pela escola, que ficou conhecido como **teoria crítica**, analisa a **homogeneização da sociedade**. Como consequência, formou-se uma perspectiva muito mais crítica do que encantadora da propaganda. O termo *indústria cultural* foi cunhado para explicar um processo que seria imposto à massa de maneira padronizada.

Os principais expoentes da Escola de Frankfurt, Theodor Adorno e Max Horkheimer, afirmavam que a sociedade estaria sendo submetida a um sistema organizacional no qual a cultura era tratada como mercadoria, algo comercializado pela sociedade, reflexo do declínio dos bens culturais (Wolf, 2003).

Como podemos perceber, a propaganda está diretamente ligada ao conceito de persuasão. Nem sempre essa "arte" é utilizada para benefícios comuns. Isso ficou evidente, por exemplo, nos interesses da propaganda nazista, bem como em outros momentos da história da humanidade em que foi utilizada para convencer povos sobre guerra e atrocidades.

Para saber mais

Quer saber como os Estados Unidos se apropriaram de recursos da propaganda para manter a América Latina sob sua influência durante e depois da Segunda Guerra Mundial? Então, leia:

VALIM, A. B. **O triunfo da persuasão**. São Paulo: Alameda, 2017.

3.2
Jornalismo e sua teoria

De acordo com Kunczik (2002), o *jornalismo* é um termo utilizado com frequência para definir a organização dos meios de comunicação. Os comunicadores, por sua vez, são pessoas que produzem o conteúdo e que podem influenciá-lo. A capacidade de influenciar varia conforme sua posição.

Traquina (2005, p. 22) define jornalismo como:

> Uma atividade criativa, plenamente demonstrada, de forma periódica, pela invenção de novas palavras e pela construção do mundo em notícias, embora seja uma criatividade restringida pela tirania do tempo, dos formatos e das hierarquias superiores, possivelmente do próprio dono da empresa. E os

jornalistas não são apenas trabalhadores contratados, mas membros de uma comunidade profissional que há mais de 150 anos de luta está empenhada na sua profissionalização com o objetivo de conquistar maior independência e um melhor estatuto social.

No Brasil, a teoria do jornalismo está relacionada a explicações científicas e filosóficas sobre como e por que a atividade é ou deveria ser, e se desenvolveu a partir de 1960 decorrente da influência de diferentes fontes advindas de vários países da América Latina.

Foi apenas em 1970, com a difusão dos estudos de *newsmaking* pela sociologia, que os estudos do jornalismo voltaram a pauta. No Brasil, nos anos 1980, especialistas começaram a questionar o abandono do jornalismo como objeto de estudos entre teoria e prática, principalmente na formação profissional. Essas investigações, que, até então, eram realizadas de forma marginal, foram reunidas. Entidades surgiram na década de 1990 e deram força e forma às pesquisas da área.

As teorias atuais buscam determinar se, na prática, o profissional é fiel aos fatos. Avaliam, ainda, o grau de neutralidade e objetividade do jornalista, bem como se o jornalismo processa acontecimentos e a atividade jornalística gera novos efeitos.

Quadro 3.1 Linhas gerais das teorias do jornalismo

Teoria do espelho	Atrelada às mudanças na imprensa americana na segunda metade do século XIX. Notícias são vistas como espelho da realidade.
Gatekeeper	Também conhecida como *teoria da ação pessoal*, dá ênfase à percepção e à seleção individual do jornalista.

(continua)

(Quadro 3.1 – conclusão)

Teoria organizacional	Recai na notícia como relato resultante dos condicionantes organizacionais, como as hierarquias, as formas de socialização e aculturação dos jornalistas.
Teoria da ação política	Foco relevante dos estudos de jornalismo a partir dos anos 1970, tem como epicentro a relação entre jornalismo e sociedade. Debruça-se sobre as implicações políticas e sociais da atividade jornalística, o papel social das notícias e a capacidade do quarto poder de atender às enormes expectativas depositadas em si pela própria teoria democrática.
Teoria construcionista	Oposta à teoria do espelho, concebe como impossível os *media* simplesmente refletirem a realidade por meio das notícias, pelo fato de estas ajudarem a construir a realidade.
Teoria estruturalista	Confere ao jornalista autonomia relativa em relação ao controle econômico das empresas do setor. Salienta a relevância estrutural dos valores-notícias e da ideologia jornalística, que delimitam rotineiramente os fatos noticiáveis, os eventos que adquirem o *status* de notícia.
Newsmaking	Reconhecimento da existência de condições na seleção e na construção dos acontecimentos a serem narrados para definir o produto do jornalismo.

Fonte: Elaborado com base em Rublescki, 2010.

3.2.1
Um pouco de história

A história da imprensa em cada país teve sua hora e sua data marcadas. No caso do Brasil, teve um surgimento tardio. Somente com a vinda de Dom João VI, em 1808, começou a circular o jornal *Gazeta do Rio de Janeiro*. Como característica, sua linha editorial foi voltada a divulgar e difundir os interesses da Coroa portuguesa.

No mesmo ano, o jornalista e diplomata José Hipólito da Costa editou o primeiro jornal de oposição, batizado *Correio Braziliense* e impresso na Inglaterra. Foi somente em

1821 que passou a circular o *Diário Constitucional*. Criado na Bahia, o jornal defendia os interesses dos brasileiros, e não os da Coroa.

Em 1822, durante os movimentos da Independência, o governo colonial utilizou a força para fechar o jornal nativista *O espelho*, que era produzido no Rio de Janeiro. Quase três décadas foram necessárias para que surgisse o jornalismo livre no Brasil. Somente com o fim da censura é que aparecem os jornais comunitários, os informativos de grupos políticos e étnicos e os periódicos de categorias profissionais. As linhas editoriais desses veículos se destacavam por defender a independência, bem como a abolição da escravatura, a tendência anarquista e os direitos da mulher.

Com a chegada do século XX e o país vivendo a democracia, a imprensa brasileira finalmente passou por uma transição. Os pequenos jornais deram espaço às grandes empresas jornalísticas. Entretanto, continuava a falta de autonomia.

Sodré (1999) explica que a história da imprensa no Brasil corresponde à história do desenvolvimento da sociedade capitalista. Os controles dos meios de difusão são caracterizados pela presença de organizações e pessoas das mais diversas situações sociais, culturais e políticas.

É possível perceber as mudanças ocasionadas nos últimos anos com o advento das tecnologias. O acesso a uma gama infinita de *sites, blogs*, redes sociais etc. fez com que a informação chegasse ao receptor de forma mais rápida e fácil. Os jornais impressos – principalmente – começaram a perder mercado, sendo obrigados a modificar a forma de produzir notícias. Um leitor mais crítico e que prima pela instantaneidade forçou os grupos de mídia a utilizar as mais diferentes plataformas. Agora não é apenas uma manchete bem-feita a chamar a atenção. Esse mesmo material precisa de imagem e de som e precisa ser disponibilizado por vários canais. Entretanto, a sede de vencer a concorrência e dar a notícia em primeira mão nem sempre disponibiliza ao receptor um produto de qualidade. As famosas *fake news* são mais comuns do que se imagina. Informações incorretas são encontradas com frequência e, principalmente, replicadas tanto por profissionais da grande mídia quanto pelo próprio receptor da mensagem.

3.3
Escolha da notícia

Qual é sua reação um dia após um grande acontecimento que teve repercussão midiática? Você comenta sobre ele na fila do transporte coletivo ou do banco? Ou o faz entre seus familiares e amigos? Já imaginou não estar a par dos acontecimentos comentados entre seu grupo? E se disséssemos que os temas discutidos no cotidiano são determinados pela mídia?

Pois essa é a teoria do *agenda-setting*, ou do agendamento, lançada formalmente em 1972 pelos professores Maxwell McCombs (1938-) e Donald Shaw (1930-2017). Como explica Barros Filho (1995, p. 169) "é a hipótese segundo a qual a mídia, pela seleção, disposição e incidência de suas notícias, vem determinar os temas sobre os quais o público falará e discutirá".

Ao impor um menu de informações, a mídia impede que outros temas sejam abordados. O assunto cai na inexistência.

Questiona-se, dessa maneira, a **hierarquização temática** dos meios de comunicação.

Entretanto, vivendo em um momento no qual o fluxo de notícias não é mais controlado unicamente pelas velhas mídias – antes detentoras exclusivas da divulgação de conteúdo –, a teoria do agendamento ainda se mantém? Obviamente, as notícias são construções narrativas e históricas de uma realidade. Ao jornalista, cabe orientar a elaboração da notícia.

Sendo assim, na sociedade contemporânea, em que o cidadão muitas vezes passa do papel de receptor de conteúdo para emissor da informação, como definir qual notícia é mais significativa? Qual vai causar maior impacto na sociedade? Estaríamos vivendo uma nova forma de elaboração e distribuição de notícias, mais democrática e participativa?

Amaral (1967) afirma que a notícia é a matéria-prima do jornalismo. Já a revista americana *Collier's Weekley* (citada por Lage, 1979, p. 32) define notícia como "tudo o que público necessita saber, tudo o que o público deseja falar".

Conforme Pena (2008, p. 71), na "rotina diária das redações há excesso de fatos que chegam ao conhecimento dos jornalistas". Entretanto, apenas uma pequena parcela vira notícia. Segundo o autor, as pessoas podem se perguntar: afinal, qual é o critério utilizado pelos profissionais para escolher quais fatos devem ou não virar uma notícia? Na opinião de Pena (2008, p. 71), essa é a pergunta crucial na teoria do jornalismo: "Revelar o modo como as notícias são produzidas é mais do que a chave para compreender o significado, é contribuir para o aperfeiçoamento democrático da sociedade".

Segundo o autor, por essa lógica, é evidente a pressão sofrida pelos profissionais de imprensa, principalmente o repórter. Na linha direta de produção, esse profissional se vê o tempo todo entre a notícia como um valor, o furo de reportagem e o jogo da concorrência comercial. O fato, segundo Pena (2008), é que os jornalistas se valem da própria cultura para decidir o que é ou não notícia. Esses profissionais têm critérios quase instintivos.

Se você analisar, no mesmo dia, o conteúdo divulgado por três veículos de comunicação de locais diferentes do país, certamente ficará impressionado e poderá se questionar se houve alguma comunicação entre os jornalistas na produção desses materiais. Embora seguindo linhas editoriais diferentes, os veículos (jornal, rádio, TV ou internet) terão em comum várias pautas. Muitos, inclusive, devem ter manchetes semelhantes e – pasme! – provavelmente não tiveram contato um com o outro. Isso é a análise instintiva do critério da notícia, citada por Pena (2008).

Pena (2008) explica ainda que os repórteres, principalmente os de televisão, fazem uma construção de quem é a audiência.

> Basta observar as recomendações que, invariavelmente, os chefes dão aos repórteres: seja simples e didático. Lembre-se de que você está falando para aposentados e donas de casa, se for jornal da tarde, e para um público mais amplo, se estiver no jornal da noite. Os repórteres passam então a construir enunciados sob forte influência da imagem que fazem do telespectador. É daí que vem as famosas reportagens de culinária nos jornais vespertinos. O que nos leva a concluir que o interlocutor está presente no próprio ato de construção da linguagem. É coenunciador. Tem papel na construção do significado. (Pena, 2008, p. 73)

O autor ainda faz um alerta sobre a pressão do **deadline**, isto é, do prazo estipulado para o fechamento do material. Fatos são imprevisíveis e podem desestruturar o planejamento de uma redação. Isso é ainda mais verdadeiro num momento no qual a informação está à disposição o tempo todo e vem de qualquer parte do planeta. Todavia, é preciso contar com a imprevisibilidade, pois é aí, segundo Pena (2008), que os critérios de noticiabilidade são utilizados.

Apesar de ser mais comum do que se imagina, há pesquisadores que questionam o instinto dos profissionais. Wolf (2003), por exemplo, chama de **noticiabilidade** a capacidade que os fatos têm de virar ou não notícia. O autor, inclusive, delimita critérios para o que chama de **valores-notícia**, como aponta Traquinas (2005, p. 79):

- CATEGORIAS SUBSTANTIVAS
    - Importância dos envolvidos
    - Quantidade de pessoas envolvidas
    - Interesse nacional
    - Interesse humano
    - Feitos excepcionais
- CATEGORIAS RELATIVAS AO PRODUTO
    - Brevidade – nos limites do jornal
    - Atualidade
    - Novidade
    - Organização interna da empresa
    - Qualidade – ritmo, ação dramática
    - Equilíbrio – diversificar assuntos
- CATEGORIAS RELATIVAS AO MEIO DE INFORMAÇÃO
    - Acessibilidade à fonte/ao local
    - Formatação prévia/manuais
    - Política editorial

- CATEGORIAS RELATIVAS AO PÚBLICO
  - Plena identificação de personagens
  - Serviço/interesse público
  - Protetividade (evitar suicídios)
- CATEGORIAS RELATIVAS À CONCORRÊNCIA
  - Exclusividade ou furo
  - Gerar expectativas
  - Modelos referenciais

3.4 Linha editorial de um veículo

A linha editorial de um veículo de comunicação nada mais é do que a política predeterminada pela direção da empresa, ou seja, a forma como a empresa jornalística "enxerga o mundo". A linha editorial adotada por uma empresa de comunicação define os valores e influencia diretamente a elaboração e a distribuição das mensagens. É a linha mestra que orienta a redação do texto, os termos a serem utilizados e até mesmo a edição final.

O jornal *Folha de S.Paulo*, criado em 19 de fevereiro de 1921, descreve desta forma sua linha editorial:

> A **Folha** estabelece como premissa de sua linha editorial a busca por um jornalismo crítico, apartidário e pluralista. Essas características, que norteiam o trabalho dos profissionais do Grupo Folha, foram detalhadas a partir de 1981 em diferentes projetos editoriais. Desde então, foram produzidos seis textos que procuram traduzir na prática os princípios que constituem, no seu conjunto, o Projeto Folha. (Folha de S.Paulo, 2018, grifo do original)

Assim como a *Folha*, outros veículos de comunicação de massa delimitam suas características e o modo como compõem seus projetos e trabalhos perante a sociedade. Normalmente, as informações sobre a linha editorial de cada veículo constam em seu próprio manual de redação, utilizado como um guia pelos profissionais que ali trabalham.

Determinada a linha editorial, inicia-se o processo de montagem. Entre editorias, trafegam jornalistas preocupados em apurar a notícia e proporcionar ao leitor um material de qualidade. A pressa em ser o primeiro a dar a informação é norma nas redações. Esse é um terreno perigoso que pode colocar o profissional em descrédito perante seu público.

Na ânsia de vencer os concorrentes, informações podem não ser checadas de forma adequada, vidas podem ser destruídas e a empresa jornalística pode sofrer juridicamente, sendo processada por crime de injúria ou difamação, por exemplo. Rosa (2007) alerta para os perigos de um jornalismo que deixa de ser um serviço público informativo passando a ser uma atividade comercial:

> os jornalistas movimentam-se dentro de prazos apertados. Quando não dá para confirmar a informação, tem uma fonte que foi taxada de crível (um procurador, por que não?), publica-se assim mesmo, senão o concorrente dá a notícia na frente e ele é cobrado por isso. [...] A pressa e a pressão do furo justificariam uma notícia errada ou mal checada, mas no dia seguinte o repórter teria tempo para verificar o erro. Não é o que costuma acontecer. (Rosa, 2007, p. 205)

Perguntas & Respostas

Tendo em vista o conceito de *indústria cultural*, Max Horkheimer e Theodor Adorno destacam a intervenção técnica, a transformação da cultura em mercadoria e a descaracterização das manifestações artísticas (IBID, 2013). Ao nos depararmos com a cultura produzida no século XXI e reproduzida de forma massiva pelos meios de comunicação – inclusive pela publicidade –, é possível afirmar que somos persuadidos a consumir esse tipo de produto diariamente? Até que ponto há preconceito com relação ao que é popular?

Como bem aponta Roberto Elísio Santos (2013), tanto Adorno como Horkheimer eram intelectuais eruditos. Ambos eram acostumados com a alta cultura europeia, portanto, faziam menção às mercadorias ofertadas pela indústria cultural e as obras de arte. Acredita-se que a reprodução dessas obras faria com que a sua originalidade fosse perdida.

Para os estudiosos de Frankfurt, a fruição da obra de arte, ou seja, a maneira como ela é percebida e sentida pelas pessoas, altera-se quando ela é reproduzida industrialmente: "a pintura transformada em cartão postal impresso, a música gravada em disco e o concerto transmitido por rádio ou TV estão fora do ambiente normal (museu e teatro) e mantêm outra relação com o público" (Santos, R. E., 2013, p. 98).

Esse mesmo tema vem sendo discutido por autores como Lipovetsky e Serroy (2015, p. 214) que afirmam que

outro setor ligado à emergência das primeiras formas do capitalismo de consumo abre um novo espaço, essencial, para o universo do mercado: a publicidade. Segundo eles, em algumas décadas, a publicidade, por intermédio do cartaz, passou do domínio do objeto utilitário ao de objeto de coleção de qualidade artística.

Os ainda autores afirmam que design, escultura, moda, decoração e luxo podem se misturar ou confundir. Trata-se do processo de hibridização que, antes de mais nada, quer "surpreender o consumidor" (Lipovetsky; Serroy, 2015).
E concluem:

> a sociedade transestética não deve ser nem incensada, nem demonizada: é preciso fazê-la evoluir no sentido do elevado e do melhor para conter a febre do "cada vez mais". A hibridização hipermoderna da economia e da arte leva a não mais apostar tudo na "alta cultura", que por muito tempo se apresentou como viático supremo. É por exigência transversal a da nossa época, e que não é outra senão o imperativo de qualidade aplicado às artes de massa, à vida cotidiana, e não apenas à grande cultura. Cresce em toda parte a exigência da qualidade, e é ela que deve ser promovida no que diz respeito tanto ao comercial como à vida. (Lipovetsky; Serroy, 2015, p. 422)

Síntese

Neste capítulo, você pôde compreender:

- a força da persuasão na sociedade contemporânea, analisando se todos somos atingidos pelas mensagens da mesma forma e com a mesma intensidade;
- como governos totalitários utilizaram o poder da propaganda para manipular as massas e convencê-las sobre as atrocidades da guerra;
- as teorias do jornalismo e como efetivamente acontecem as escolhas das notícias;
- como é adotada a linha editorial pelos grandes veículos de comunicação de massa.

Questões para revisão

1) (Enade, 2015 – Comunicação Social – Jornalismo)
De todos os pecados atuais cometidos pela indústria da comunicação jornalística, o que tem consequências mais graves é o da uniformização da agenda de informações. O fato de noticiar dados novos, fatos inéditos e eventos a partir de um único viés não falseia apenas a visão que as pessoas têm da realidade, mas as leva a desenvolver **opiniões cada vez mais radicais** e extremadas.

Até agora a maioria dos críticos da mídia concentravam suas atenções basicamente na verificação da autenticidade das notícias publicadas por jornais, revistas, telejornais e páginas noticiosas na Web. Trata-se de uma preocupação muito importante, mas agora ela está sendo ofuscada pelas consequências práticas do **crescente sectarismo** nas opiniões e posicionamentos expressados por leitores, ouvintes, telespectadores e internautas.

Há uma diferença importante entre estar equivocado em consequência de informações falsas e a xenofobia política alimentada por notícias unilaterais, que mostram apenas um lado da realidade. Uma notícia pode ser verdadeira, mas gerar uma percepção parcial ou distorcida do contexto onde estamos situados. É aí que está a origem das opiniões sectárias. É a materialização clara da famosa história do **copo meio cheio ou meio vazio**. O fato é o mesmo, mas a forma como é representado na comunicação gera duas atitudes diferentes em quem recebe a informação.

CASTILHO, C. **Os riscos ocultos na uniformização da agenda da imprensa.** Disponível em: http://observatoriodaimprensa.com.br/imprensa-em-questao/os-riscos-ocultos-na-uniformizacao-da-agenda-da-imprensa/> Acesso em: 2 ago. 2015 (adaptado).

Considerando a uniformização da abordagem dos fatos pela mídia e o consequente sectarismo nas opiniões dos consumidores da informação, conclui-se que a Teoria do Jornalismo relacionada à abordagem desse texto é a

a) Teoria do *Agenda-setting*
b) Teoria do *Newsmaking*
c) Teoria do *Gatekeeper*
d) Teoria Organizacional
e) Teoria Crítica

2) Avalie estas afirmações e:
   I) A linha editorial nada mais é do que a política predeterminada pela direção da empresa, ou seja, a forma como a empresa jornalística "enxerga o mundo".
   II) A linha editorial adotada por uma empresa de comunicação define os valores e influencia diretamente a elaboração e a distribuição das mensagens.
   III) As informações sobre a linha editorial de cada veículo constam em seu manual de redação, que é utilizado como parâmetro pelos profissionais que ali trabalham.

   Sobre estas afirmações, é correto afirmar que:

   a) todas são verdadeiras.
   b) a I é verdadeira, entretanto a II e III são falsas.
   c) a I é falsa, entretanto a II e III são verdadeiras.
   d) a II é verdadeira.
   e) todas são falsas.

3) Leia este trecho:
   os jornalistas movimentam-se dentro de prazos apertados. Quando não dá para confirmar a informação, tem uma fonte que foi taxada de crível (um procurador, por que não?), publica-se assim mesmo, senão o concorrente dá a notícia na frente

e ele é cobrado por isso. [...] A pressa e a pressão do furo justificariam uma notícia errada ou mal checada, mas no dia seguinte o repórter teria tempo para verificar o erro. Não é o que costuma acontecer. (Rosa, 2007, p. 205)

Esse excerto nos leva a concluir que:

I) os jornalistas sofrem pressão diária em sua prática profissional e os prazos são apertados para a entrega de material.

II) com o advento das tecnologias, a pressão sobre os profissionais de imprensa ficou ainda mais evidente; agora, a concorrência é muito maior, visto que todos têm acesso à informação.

III) as pressões sofridas no dia a dia muitas vezes ocasionam erros de informação que podem prejudicar a vida de muitas pessoas; não são poucos os casos em que o repórter não tem tempo hábil de checar a informação e, só depois dos danos da divulgação de uma notícia inverídica, ele percebe seu erro.

Considerando essas proposições, é correto afirmar que:

a) todas são verdadeiras.
b) a I é verdadeira, entretanto a II e III são falsas.
c) a I é falsa, entretanto a II e III são verdadeiras.
d) a III é verdadeira.
e) todas são falsas.

4) Analise a afirmação a seguir, de autoria do jornalista e sociólogo Ignácio Ramonet (2003):
as empresas de comunicação são tentadas a se constituir em "grupos" para reunirem todas as formas clássicas de comunicação (imprensa, rádio e televisão), mas também todas as atividades que poderiam ser chamadas de setores da cultura de

massa, da comunicação e da informação. Três esferas que antes eram autônomas: de um lado, a cultura de massa, com sua lógica comercial, suas criações populares, seus objetivos basicamente mercantis; de outro, a comunicação, no sentido publicitário, o marketing, a propaganda, a retórica da persuasão; e, finalmente, a informação, com suas agências de notícias, boletins de radiodifusão ou de televisão, a imprensa, as redes de informação contínua – em resumo, o universo de todos os jornalismos.

Com base nessas reflexões, é possível chegar à conclusão de que:

I) as empresas de comunicação sentiram o impacto causado pelo advento das tecnologias e hoje tentam se adaptar a essa nova realidade para não perder mercado.

II) não há como retroceder ao processo no qual as mídias foram obrigadas a adaptar o conteúdo publicado a diversas linguagens e plataformas existentes.

III) há uma superabundância de informação no mercado, entretanto nem sempre esse acesso mais fácil ao receptor torna o produto de melhor qualidade.

IV) as *fake news* têm se proliferado na rede. Não são raros os casos nos quais as informações são compartilhadas sem um filtro por parte de produtores de notícia e de consumidores.

É correto o que se afirma em:

a) I e II.
b) I, II e IV.
c) I, II e III.
d) I, II, III e IV.
e) I e IV.

5) Quais são os critérios, segundo Wolf (2003), que podem ser considerados valores-notícia?
6) Descreva as teorias do jornalismo com base em Rublescki (2010).

Estudo de caso

A seguir, lembramos um caso verídico que pode ajudá-lo a analisar a forma como são realizadas as coberturas jornalísticas. Vale ressaltar que nem sempre a maneira como a grande mídia aborda os temas agrada ao público. Não são poucas as situações em que as coberturas jornalísticas são questionáveis pelo modo como promovem um "espetáculo midiático".

O caso Eloá, ocorrido em 2008, é conhecido como o mais longo sequestro em cárcere privado registrado pela polícia paulista. Um rapaz de 22 anos anos, incapaz de aceitar o término de seu relacionamento, manteve em cárcere privado a ex-namorada e sua amiga por mais de 100 horas.

Toda a ação foi acompanhada pela imprensa e diversos canais de televisão mostraram em tempo real imagens do sequestrador e das vítimas, num clima de tensão muito forte. Jornalistas e apresentadores de televisão conversaram com o rapaz durante o sequestro. A cobertura teve seu ápice quando a polícia invadiu o apartamento em que se desenrolava o crime, e a menina foi morta com um tiro na cabeça e outro na virilha.

Lívia Perez (2016), que produziu um documentário sobre o caso, assim avalia a atuação da imprensa nessa cobertura:

> Em primeiro lugar, o crime não deveria ter sido noticiado, pois esta é normalmente a conduta em casos de sequestro: o crime só é noticiado após a resolução, a fim de evitar qualquer tipo de interferência.

A imprensa não só noticiou como explorou intensamente o sequestro na ânsia de conseguir um furo. Praticamente todas as tevês abertas e os principais jornais do estado entrevistaram o sequestrador durante o crime. Alguns deles o fizeram ao vivo com jornalistas e repórteres se posicionando como negociadores.

Além disso, houve uma postura muito machista por parte da imprensa, que enalteceu a personalidade do criminoso e romantizou o tipo de crime que era praticado naquele momento.

A atuação da imprensa foi abusiva, pois o feminicídio é um problema muito sério no Brasil, que é o quinto país que mais mata mulheres no mundo. Apesar de a imprensa explorar intensamente o crime, não o discutiu de forma séria. Isso é um problema principalmente no caso das tevês abertas, que se tratam de concessões públicas.

Esse triste episódio faz-nos refletir sobre a ética na cobertura jornalística e nos impactos que certas escolhas podem ter.

Quer saber mais? Leia:

BARROS, B. M. C. de; THADDEU, H. de R.; PEREIRA, M. do N. Caso Eloá Pimentel/Sonia Abrão: a interferência da mídia nas negociações policiais. In: CONGRESSO INTERNACIONAL DE DIREITO E CONTEMPORANEIDADE, 2., 2013, Santa Maria. **Anais...** Santa Maria: UFSM, 2013. p. 352-369. Disponível em: <http://coral.ufsm.br/congressodireito/anais/2013/3-5.pdf>. Acesso em: 5 set. 2018.

Momento de reflexão

Após ler o capítulo e relembrar o caso exposto, reflita sobre as seguintes questões:

Até que ponto é correto o agendamento (*agenda-setting*) promovido pelos meios de comunicação de massa? Qual é a real responsabilidade desses meios sobre o que a sociedade irá discutir no dia seguinte?

Será que o surgimento de veículos de comunicação de massa independentes e alternativos podem quebrar a hegemonia da grande mídia no quesito "menu de informações"?

É possível se proteger do bombardeamento diário de informações com a presença massiva das tecnologias em nosso cotidiano?

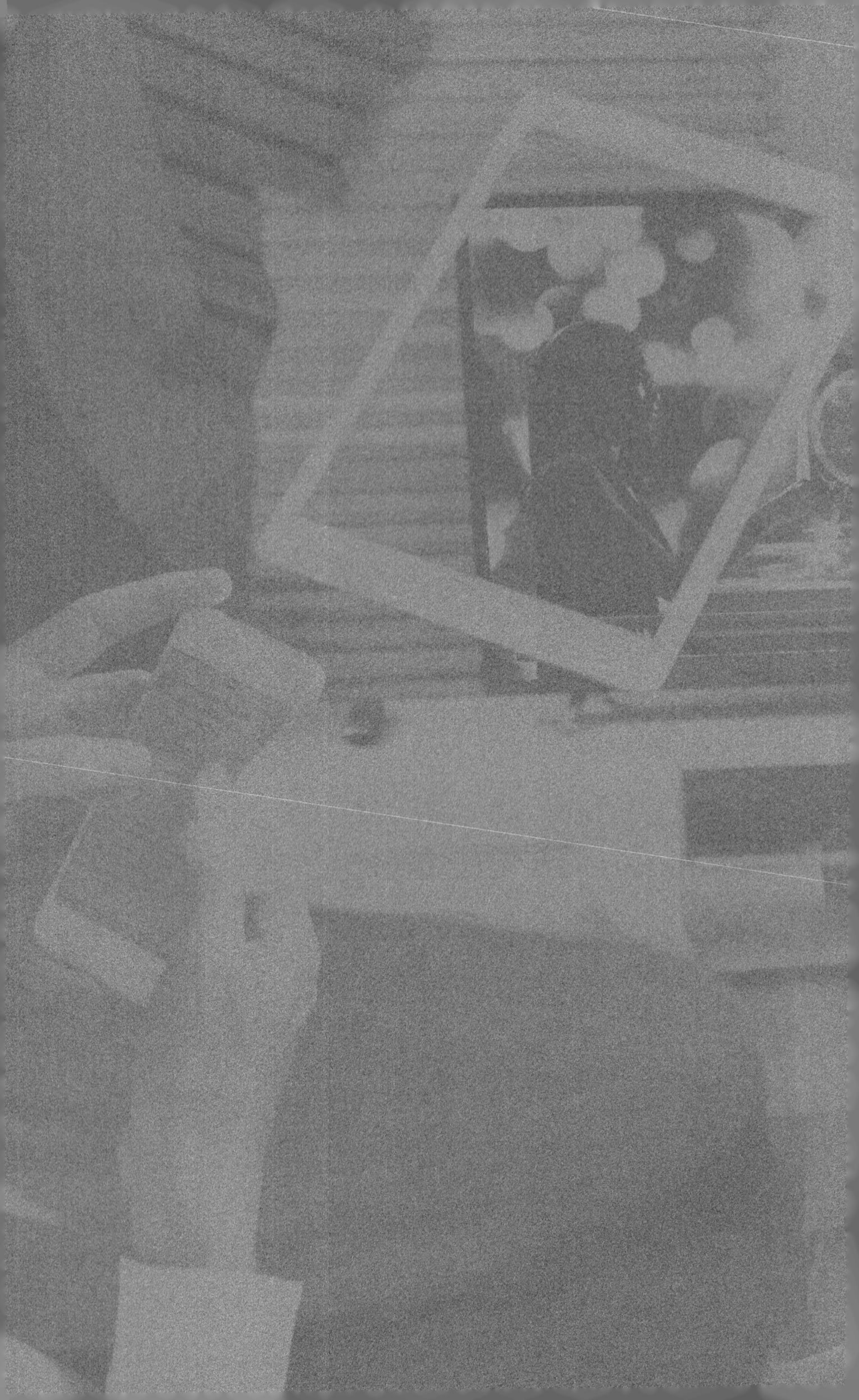

4

Mídia e tecnologia mudam o olhar sobre a educação

Conteúdos do capítulo:

- Mudanças no cenário educacional com a presença cada vez mais significativa das ferramentas midiáticas em sala de aula.
- Características dos novos sujeitos presentes no ambiente escolar.
- Formas de utilização, pelos professores, da comunicação e das tecnologias no processo de ensino e aprendizagem.
- Transformações na escola, no currículo e nas formas de aprender.

4.1
Do século XIX ao século XXI: será que a escola mudou?

Se pedíssemos a você, leitor, que fizesse uma retrospectiva e descrevesse sua antiga sala de aula, como seriam essas lembranças? Provavelmente este seria o cenário descrito: uma sala com capacidade para 30 ou 35 estudantes; um quadro-negro bem à frente; pó de giz para todos os lados; carteiras de madeiras perfiladas uma atrás da outra; um armário de madeira disposto no fundo da sala. Talvez você também se lembre de que todos os livros tinham o conteúdo padronizado, como se os alunos aprendessem da mesma forma e vivessem uma mesma realidade cultural, econômica e social.

Depois dessa descrição, você pode se perguntar: Será que a escola continua a mesma ou mudou radicalmente? E, se mudou, quais foram as transformações? A forma de aprender, de pesquisar, de expor trabalhos, de trocar informações continua a mesma, principalmente no momento em que temos o mundo à disposição na palma das mãos, com a tecnologia de um simples aparelho celular?

Talvez a resposta possa decepcioná-lo um pouco. A escola está, sim, inserida num universo tecnológico e passa por um momento de transição no qual os sujeitos presentes no ambiente escolar têm características distintas (afinal, o receptor da mensagem já não é o mesmo, como explicitamos no Capítulo 2). Também é fato que o acesso à informação mudou e facilitou a vida em sociedade, e os educadores têm à d' rramentas tecnológicas.

No entanto, a escola continua sendo muito semelhante ao que era no século XIX. Isso mesmo! O que há é uma escola inserida no mundo pós-moderno, mas com essência e características de muito tempo atrás.

Para Rui Canário (2006, p. 35) "A educação tem futuro, mas a educação escolar de hoje é obsoleta" (Canário, 2006, p. 35). E completa:

> Todas as características organizacionais da escola – a compartimentalização disciplinar, a classe, a organização do espaço da aula e a sua repetição e a organização estandardizada do tempo, com base na repetição da unidade aula – configuram-se como um dispositivo de repetição de informações que funciona segundo o modelo fabril da linha de montagem, com base na segmentação de tarefas e em uma relação hierárquica forte. Tais características ajudam a conferir ao trabalho dos alunos (à semelhança do que acontece nas fábricas) um caráter alienado: há uma dissociação do sujeito e o trabalho que realiza. Por outro lado, ao centrar-se na repetição de informação, a escola condena-se à entropia, já que a repetição de informações conduz necessariamente à sua degradação. Assim se explica as tradicionais "pérolas", ou seja, disparates e absurdos, que povoam as provas realizadas pelos alunos. (Canário, 2006, p. 35)

Sodré (2012) alerta que a escola de hoje tem um papel mais amplo do que a simples transmissão do saber. Para que isso se concretize, é necessário ir além do tradicional até então ofertado. Família, igreja e escola já não são as únicas responsáveis pela manutenção e pela transmissão do conhecimento. Agora, os meios de comunicação de massa e as tecnologias concorrem diretamente no processo de construção do saber: "A educação e a escola, que interagem dialeticamente com o espaço-tempo vigente, captando e redefinindo os mecanismos de aprendizagem inerentes à vinculação comunitária, não poderiam deixar de ser afetadas pelas transformações tecnológicas do vínculo, pelo advento de uma forma social virtualizada" (Sodré, 2012, p. 192).

Vale ressaltar que não se trata de uma discussão recente, estimulada pelo advento das tecnologias e da popularização de acesso à rede mundial de computadores, tampouco de um modismo sem fundamentação teórico-crítica. A verdade é que as mudanças na forma de elaboração e de transmissão do conhecimento com o auxílio da comunicação e de seus meios estão há anos na pauta de estudiosos do mundo todo, como o pedagogo francês Célestin Freinet (1896-1966), o educomunicador argentino Mário Kaplún (1923-1998) e o pedagogo e filósofo brasileiro Paulo Freire (1921-1997).

Célestin Freinet foi um dos incentivadores do uso do jornal como importante ferramenta pedagógica. Professor primário, desenvolveu suas aulas utilizando esse recurso. Lecionando para crianças do meio rural, ele acreditava na importância da **livre expressão** e na **valorização do universo cultural do educando**. A aprendizagem da escrita e da leitura na proposta freinetiana estava intimamente ligada ao contexto social da comunicação.

O brasileiro **Paulo Freire** também era ferrenho questionador da metodologia didática adotada pelas instituições de ensino. Criticava a forma como o conhecimento era repassado aos alunos sem se considerarem suas vivências, seus anseios e, principalmente, suas realidades socioculturais. Refletindo e analisando os prejuízos causados pelo que batizou de "educação bancária"[1] (Freire, 1997) foi defensor de uma prática pedagógica voltada à **liberdade de expressão** e à **criticidade**. O pernambucano também reconheceu a importância da comunicação para a melhoria do processo de ensino e aprendizagem. Ele acreditava que a **comunicação dialógica e participativa** poderia quebrar o paradigma de um emissor que fala e um receptor que apenas recebe a informação passivamente, sem questioná-la. Freire é hoje o estudioso brasileiro em educação mais citado no mundo, graças a sua importante contribuição para a transformação educacional.

Já o argentino **Mario Kaplún** acreditava na comunicação como processo importante na formação e na organização das pessoas, sendo fundamental na difícil missão de educar. Analisando a comunicação no âmbito dos **movimentos populares**, o pesquisador afirma que o "seu sentido e a sua aplicação são muito maiores do que o modelo de massa ao qual os países da América Latina são expostos" (Coelho, 2009). Defensor da **educomunicação**, Kaplún percebeu a importância da convergência das duas ciências: comunicação e educação. Segundo o autor, são ciências inseparáveis no processo de ensino e aprendizagem, sendo responsáveis pelo desenvolvimento da **liberdade de expressão**, da **construção do saber**, da **criticidade** e, principalmente, da **preparação da vida real** (Kaplún, 1984).

Portanto, essa é uma discussão antiga, mas que nem sempre é implementada ou levada a sério na prática. A realidade educacional brasileira é bem diversa e a escola continua a ser uma instituição que, na maioria dos casos, não acompanha

---

[1] Para Freire, a educação bancária consiste no pressuposto de que o aluno nada sabe e que o único detentor do saber é o docente. Sob essa ótica, o autor acredita que a educação forma indivíduos acomodados e submetidos à estrutura do poder vigente.

as mudanças sociais e culturais pelas quais vem passando a humanidade.

Entretanto, engana-se você, caro leitor, se acha que esse é um problema exclusivo de terras tupiniquins. Dados divulgados em 2017 pelo Relatório de Desenvolvimento Global, do Banco Mundial, revelam que existe uma crise global de aprendizagem. Essa crise fica ainda mais clara quando se apresenta a disparidade entre países pobres e ricos (Relatório..., 2017).

Segundo os dados da pesquisa realizada em vinte países e divulgada pelo jornal espanhol *El País* (Ceratti, 2017), nas nações de "renda média e baixa, mais de 60% das crianças avaliadas não conseguem alcançar habilidades mínimas em matemática e leitura". Nos países ricos, quase todas as crianças ultrapassam o nível esperado. O documento ainda expõe uma realidade alarmante: "a crise global de aprendizagem não apenas impede jovens de terem melhores e maiores salários como também aumenta a diferença entre pobres e ricos".

Voltemos ao caso brasileiro e analisemos as dificuldades tomando como base nossa realidade. Primeiramente, moramos num país continental, com uma mistura fantástica de povos e culturas. O primeiro erro constatado é que, embora haja culturas tão diferentes, o ensino é feito da mesma forma e se cobra que todos saibam da mesma maneira sobre determinado assunto.

Para um aluno de uma tribo indígena do interior do Pará somente é proveitoso aprender sobre vetores, inércia, força peso ou qualquer outro assunto se esses conceitos estiverem relacionados diretamente com seu cotidiano. É preciso questionar: Qual é a função prática desse conhecimento para esse aluno? Para ele, faz algum sentido estudar tais conteúdos de maneira desvinculada da realidade?

Entretanto, para cumprir o que determina um órgão regulador, como o Ministério da Educação, o aluno é obrigado a aprender inúmeros conceitos, fórmulas e teses desvinculadas de sua vida, sua realidade cultural e social. O resultado disso é desmotivação; desinteresse; evasão escolar; dificuldade de aprendizagem etc.

Outro aspecto relevante que faz parte da realidade brasileira é a postura dos governantes. Eis aí um desafio: encontrar, em toda a história do país, algum administrador público que tenha investido de forma coerente, consciente e planejada em algum projeto que buscasse de maneira real mudar a educação nacional. Investimentos em educação não geram tanta mídia positiva como obras faraônicas, por exemplo, que, muitas vezes, se transformam em verdadeiros elefantes brancos, mas rendem boas fotografias e uma fantástica propaganda no horário nobre da televisão.

Além de fazer investimentos na construção de novas escolas e novos equipamentos, melhorar a merenda e aumentar salários dos docentes, há que se modificar a forma como se ensina. Já não há espaço para uma educação baseada no inquestionável, no imutável, nas verdades formuladas.

O novo alunado é mais crítico e conectado com o mundo que o rodeia. Muitas vezes, está mais bem informado que o professor. Anseia pelo novo, pelo instantâneo, pelo inusitado. Tem acesso a um mundo novo. A escola, dessa forma, precisa encontrar alternativas para não perder seu principal motivo de existir: o aluno.

Para saber mais

O termo *educomunicador* foi cunhado pelo argentino Mario Kaplún. Radicado no Uruguai e amigo do brasileiro Paulo Freire, Kaplún não se cansava de difundir a importância da comunicação como fator fundamental para promover o pensamento crítico. Assim como Freire, seu compromisso era com uma comunicação e com a educação libertadora. Quer conhecer um pouco mais sobre as obras de Mário Kaplún e Paulo Freire? Então, leia:

FREIRE, P. **Pedagogia do oprimido**. Rio de Janeiro: Paz e Terra, 1997.

KAPLÚN, M. **Comunicación entre grupos**: el método del Cassette-Foro. Ottawa: Centro Internacional de Investigaciones para el Desarrollo, 1984.

KAPLÚN, M. **Una pedagogía de la comunicación**. Madrid: Ediciones de la Torre, 1998.

4.2
Crise da escola tradicional

Como comentamos na seção anterior, em um mundo em transformação, a escola convencional está em crise. A despeito do novo cenário, a instituição mantém como principal característica o tradicional, ou seja, o conhecimento baseado apenas nos conteúdos propostos pelos livros didáticos, numa concepção cumulativa de saberes e num currículo que corresponde a um *menu* de informações. Assim, inserida agora numa sociedade multicultural e híbrida, a escola apresenta dificuldade para modificar sua rotina e ofertar métodos diferenciados de ensino, mostrando-se incapaz de garantir uma renovação de conteúdos que tenham real significado para os sujeitos que lá se encontram.

Ao lado da família e da igreja, que também perderam espaço na formação dos indivíduos, as escolas têm agora um forte concorrente: a tecnologia. Para uma instituição que há pouco tempo era considerada uma poderosa e, em alguns casos, única fonte de saber, é penoso reconhecer que os alunos, inseridos no universo tecnológico, possam ter acesso a uma gama muito maior de conhecimento fora do ambiente escolar.

O fato é que esse é um caminho sem volta. Como mostra o filósofo colombiano Jesús Martín-Barbero (2011), existe uma multiplicidade de saberes e a difusão e a diversificação das informações são, sem dúvida, o maior desafio apresentado ao sistema educacional. Entretanto, essa nova realidade que se apresenta nos leva a pensar: Afinal, na era tecnológica, o que realmente é necessário aprender? Nesse novo contexto social e cultural que se desenha, para que serve a escola?

Para analisarmos esse processo, precisamos refletir sobre os motivos que levaram a escola tradicional a assumir as características que ela mantém até hoje. Para tanto, vale retomarmos a segunda metade do século XIX, época em que a sociedade estava em pleno desenvolvimento.

Durante a Revolução Industrial, de uma sociedade predominantemente rural, passou-se a uma realidade urbana. Grandes cidades nasceram próximas às chaminés das fábricas. Os meios de transporte passaram por uma revolução até então nunca vista. Surgiram as máquinas a vapor, a eletricidade, os meios de comunicação. As relações sociais e de trabalho se modificaram. O trabalhador já não era mais o único responsável pela produção de algo, pois cada indivíduo atuava em apenas uma etapa do processo produtivo, sem conhecer as demais.

Inserida, então, numa sociedade moderna, capitalista e, principalmente, industrial, a escola tinha fundamentalmente a meta de preparar o aprendiz para as atividades na indústria e para a garantia da divisão do trabalho. Não havia espaço para a reflexão e para a criticidade. O importante era qualificar mão de obra barata para a produção de bens de consumo.

Nesse período, as instituições de ensino funcionavam em um regime elitista, servindo apenas para alguns como meio de ascensão social. A escola não buscava diminuir as **desigualdades sociais**. Aliás, não se responsabilizava por esse quesito. Canário (2006) costuma descrever esse período como o da **escola de certezas**, uma instituição que parecia justa em um mundo injusto: "funcionava como uma 'fábrica de cidadãos', fornecendo as bases para uma inserção na divisão social do trabalho" (Canário, 2006, p. 16).

Foi a partir da Segunda Guerra Mundial (1939-1945) que ocorreu a transição de uma escola elitista para uma escola de massas. Canário (2006) associa esse período à passagem para uma **escola de promessas**. As instituições de ensino tinham como pilar o desenvolvimento, a mobilidade social e a igualdade.

A educação começou a entrar em crise e se tornar uma **escola de incertezas** a partir dos anos 1970. Foi nessa fase que a sociologia da educação alertou sobre as desigualdades sociais promovidas pelos sistemas escolares. Esse período transcorreu em um momento de acréscimo de qualificações e da desvalorização dos diplomas escolares (Canário, 2006).

Entretanto, uma nova ordem social e cultural surgiu nos anos 1990. Como McLuhan (1964) previu, a tão propagada *aldeia global* finalmente se concretizou. Tornava-se possível se comunicar com qualquer parte do mundo numa fração de segundos. A sociedade assistia atônita à possiblidade de, com o uso de um simples computador e, depois, de um aparelho celular, sair da comunidade local e trafegar, como um espectador ativo, em comunidades alheias, antes desconhecidas ou inexploradas.

Navegar, explorar, compartilhar, conhecer, trocar, interagir, conectar, globalizar são palavras que começaram a fazer parte do vocabulário e do cotidiano das pessoas independentemente da idade ou da classe social. Cultural, social e economicamente, o mundo passou a se moldar conforme as necessidades e as exigências desse cenário que se desenhava.

No entanto, tais mudanças, assim como as ocorridas em qualquer outra fase da história da humanidade, teve suas consequências. O mais importante já não era controlar os meios de produção, mas os meios de comunicação. Desejava-se proporcionar a esse sujeito a oportunidade de compreender a natureza da vida agora conectada, e isso demandava a formação para enfrentar esses novos desafios.

Portanto, a tríade educação, comunicação e tecnologia requereu a adaptação de novos espaços-tempos baseados na mediação, no diálogo e nas experiências entre educandos e educadores. Inserida no mundo cibercultural, a escola assiste perplexa às profundas mudanças nas relações sociais, à simultaneidade, à hibridação cultural e, principalmente, à transformação do receptor da mensagem, que agora é mais crítico e autônomo.

Nessa nova configuração social, não há mais espaço para a escola conteudista. Nesse universo totalmente tecnológico, o estudante não consegue ver finalidade alguma em certos conceitos, conteúdos e mecanismos de aprendizagem a que a escola insiste em dar continuidade. Essa falta de significado se estende também à forma de exigir resultados em provas e concursos.

Viver na sociedade tecnológica pressupõe conhecer o ambiente virtual, compreender as possibilidades de assumir riscos, conviver com a solução de problemas, adquirir habilidades de compreensão e criticidade. Se assim é, qual é a finalidade prática de decorar conceitos ou se preparar para um concurso vestibular que prima não pela significação e construção do saber, mas pela maior capacidade de armazenar informações, muitas vezes irrelevantes para o futuro profissional daquele sujeito?

Por esses motivos, muitos estudantes questionam a razão de aprender determinada matéria e a forma de fazê-lo. Questionam até mesmo o uso de materiais que não fazem mais sentido. E muitos se perguntam: Por que utilizar cadernos se temos a nossa disposição o computador para fazer registros? Por que se ater a uma única fonte de informação se é possível navegar livremente pela internet? Qual é o sentido prático de o conteúdo exigido nas provas primar apenas pela tradicional "decoreba" em oposição a uma análise crítica do que é abordado nas aulas?

Os estudantes veem na mídia e na tecnologia uma maneira diferente de aprender, mais interativa, divertida, dinâmica e, fundamentalmente, significativa. Como afirma Pérez Gómez (2015), aprender de maneira mais proveitosa e científica perpassa pela dúvida, pelo desaprender e pelo reconstruir; envolve dificuldade, interpretação e um doloroso questionamento dos próprios instrumentos de aprendizagem.

Sem essa nova visão sobre a realidade social e cultural pela qual passa a sociedade, certamente a escola continuará preparando pessoas que, ao adentrar no mercado de trabalho, encontrarão uma realidade completamente diferente da apresentada pelo universo escolar, um aluno da era tecnológica que não está apto a gerenciar a informação. O sujeito, ao atravessar os limites dos muros protetores da escola, deparará com uma sociedade globalizada, digitalizada e cujo acesso ao conhecimento é fácil, instantâneo e de mudanças sem precedentes.

Entretanto, os novos desafios dessa instituição, tendo a mídia e a tecnologia reconhecidamente como espaços do saber, não incluem apenas a educação voltada aos meios, mas, sobretudo, aquela pautada pela necessidade de leitura crítica e do uso de tecnologias da informação.

> A comunicação desempenha um papel importante na formação dos cidadãos não só para que sejam aprendizes ao longo da vida, mas para que sejam membros ativos e vozes significativas de comunidades em grande parte virtuais, que utilizam as múltiplas ferramentas, recursos e plataformas de intercâmbio simbólico à disposição dos cidadãos na era da informação. Participar da complexa, incalculável, surpreendente cultura digital exige aprender meandros da comunicação tanto para selecionar, processar e compreender como para expressar, difundir e compartilhar os significados recriados pelo próprio sujeito, pelos grupos e pela comunidade. Participar das redes sociais virtuais e dos jogos digitais requer alfabetização linguística e digital cada vez mais complexa e sofisticada. (Pérez Gómez, 2015, p. 84)

Com um receptor de mensagens cada vez mais autônomo e crítico – a despeito dos temores da Escola de Frankfurt, que via os indivíduos como seres passivos e ferrenhos consumidores dos produtos da indústria cultural –, a comunicação constituiu um emaranhado de informações no qual quanto mais as mensagens se globalizam, mais as diferenças culturais se afirmam. As técnicas são homogêneas, mas o mundo é heterogêneo (Wolton, 2006).

4.3
Educação na era da cultura híbrida

Entre as acepções da palavra *cultura*, encontram-se os seguintes significados: "conjunto de padrões de comportamento, crenças, conhecimentos, costumes etc. que distinguem um grupo social" e "forma ou etapa evolutiva das tradições e valores intelectuais, morais, espirituais (de um lugar ou período específico)" (Houaiss, 2009). Mas qual é o percurso histórico, social e filosófico do uso do conceito? E qual é a relação entre cultura e escola num período de grandes transformações sociais e culturais?

O sociólogo e filósofo polonês Zygmunt Bauman, famoso por cunhar o termo *modernidade líquida*[2], explica que:

> a "cultura" seria um agente da mudança do status quo e não de sua preservação; ou, mais precisamente, um instrumento de navegação para orientar a evolução social rumo a uma condição humana universal. O propósito inicial do conceito de "cultura" não era servir como registro de descrições, inventários

---
2 "Trata-se da fluidez das relações no mundo contemporâneo. O conceito de modernidade líquida é o conjunto de relações e dinâmicas que se apresentam em nosso meio e que se diferenciam das que se estabeleceram no que Bauman chama de 'modernidade sólida' pela sua fluidez e volatilidade" (Rodrigues, 2018).

e codificações da situação corrente, mas apontar um objetivo e uma direção para futuros esforços. O nome "cultura" foi atribuído a uma missão proselitista, planejada e empreendida sob a forma de tentativas de educar as massas e refinar seus costumes e assim melhorar a sociedade e aproximar "o povo", ou seja, os que estão na "base da sociedade", daqueles que estão no topo. A "cultura" era associada a um "feixe de luz" capaz de "ultrapassar os telhados" das residências rurais e urbanas para atingir os recessos sombrios do preconceito e da superstição que, como tantos vampiros, acreditava-se não sobreviveriam quando expostos à luz do dia.

[...]

O termo "cultura" entrou no vocabulário moderno como uma declaração de intenções, como uma missão a ser empreendida. O conceito de cultura era em si um lema e um apelo à ação. Tal como o conceito que forneceu a metáfora para descrever sua intenção (a noção de "agricultura", associando os lavradores aos campos por eles cultivados), era um apelo ao camponês e ao semeador para que arassem e semeassem a terra infértil e enriquecessem a colheita pelo cultivo (Cícero até usou a metáfora ao descrever a educação dos jovens usando a expressão cultura animi). O conceito presumia a existência de uma divisão entre os educadores, relativamente poucos, chamados a cultivar as almas, e os muitos que deveriam ser objeto de cultivo; protetores e protegidos, supervisores e supervisionados, educadores e educados, produtores e seus produtos, sujeitos e objetos – e do encontro que deveria ocorrer entre eles. (Bauman, 2013, p. 12-13)

Nesse sentido e em consonância com um projeto iluminista, forjou-se, ao longo de décadas, o conceito de "missão do homem branco" de salvar o "selvagem de seu estado de barbárie". Atribuiu-se o conceito de uma sociedade "desenvolvida" de imperfeição inquestionável. O filósofo alemão Immanuel Kant (1724-1804) assim definiu o Iluminismo:

Iluminismo é a saída do homem da sua menoridade de que ele próprio é culpado. A menoridade é a incapacidade de se servir do entendimento sem a orientação de outrem. Tal menoridade é por culpa própria, se a sua causa não residir na carência de entendimento, mas na falta de decisão e de coragem em se servir de si mesmo, sem a guia de outrem. Sapere aude! Tem a coragem de te servires do teu próprio entendimento! Eis a palavra de ordem do Iluminismo. (Kant, 1784, p. 4)

Ao longo da história, as tarefas atribuídas à cultura perderam força e, sobretudo, importância numa sociedade cada vez mais globalizada. Muitas práticas estão sendo abandonadas, passando a serem executadas de outras maneiras e com ferramentas diversas.

Como observa Bauman (2013, p. 17): "a cultura agora é capaz de se concentrar em atender às necessidades dos indivíduos, resolver problemas e conflitos individuais com os desafios e problemas da vida das pessoas".

Portanto, antes mesmo de pensar as relações entre mídia, educação e tecnologia, além das formas de garantia da produção de informação e do próprio direito dos sujeitos, é necessário refletir sobre as noções de cultura.

O grande desafio referente à questão cultural no mundo contemporâneo é lidar com a diversidade, com a multiplicidade de tendências. Isso ocorre numa sociedade midiática, num ambiente cultural inédito, marcado pelo advento das tecnologias e uma conectividade telemática generalizada, com incontestáveis formas de ser e de viver desenvolvendo culturas variáveis.

O antropólogo Néstor García Canclini (1939-) é um dos expoentes latino-americanos no que diz respeito aos estudos culturais. Pesquisando temas como cultura popular, hibridação cultural, globalização, consumo cultural e redes culturais, o argentino discute a modernidade no cenário da América Latina. Suas contribuições no estudo da comunicação e da cultura estão centradas nas análises entre comunicação e identidades culturais.

Segundo Canclini (2004), há uma ambivalência no atual panorama cultural vivido pela sociedade. O autor explica que, se, por um lado, há um processo de globalização, aliado a práticas mercadológicas e ideológicas, por outro, vivenciamos um processo de fragmentação decorrente da diversidade cultural.

De acordo com Canclini (2004), a globalização evidencia a diversidade cultural do mundo, havendo necessidade de diálogo entre os pares. Em sua análise, há uma complexa rede de projetos de sociedade com diversidade de interesses, em decorrência das diferenças ideológicas, políticas e culturais. Para Canclini (1997, tradução nossa):

> A necessidade de construir um saber válido interculturalmente se torna mais imperiosa em uma época em que as culturas e as sociedades se confrontam todo o tempo nos intercâmbios econômicos e comunicacionais, nas migrações e no turismo. Precisamos desenvolver políticas cidadãs que se baseiem em uma ética transcultural, sustentada por um saber que combine

o reconhecimento de diferentes estilos sociais com regras racionais de convivência multiétnica e supranacional. À interface entre grupos culturais distintos o autor chama **hibridação**. O termo traduz os processos de interculturalidade e explica os complexos processos combinatórios de nossa época. Não se trata apenas de destacar a mestiçagem entre os povos, mas também de analisar as misturas do culto com o popular, do escrito com o oral, dos produtos da tecnologia e dos processos sociais: "designar as misturas interculturais propriamente modernas, entre outras, aquelas geradas pelas integrações dos Estados nacionais, os populismos políticos e as indústrias culturais" (Canclini, 2006, p. 30).

Entre as instituições responsáveis pela perpetuação da cultura num universo tão diversificado, a escola desempenha o papel de **socialização**, contribuindo para que indivíduos interiorizem os valores da sociedade. É a instituição que oferece às novas gerações o que de mais significativo foi produzido pela humanidade. Portanto, há uma íntima associação entre escola e cultura.

Refletir sobre as mídias do ponto de vista educacional é admitir a presença dos meios como produtores de cultura. Desde programas de televisão, músicas, mensagens da internet e os mais variados conteúdos veiculados, valores são produzidos e reconhecidos pela família, pelo trabalho e pela escola.

Historicamente, a mídia dependeu da expansão educacional com vistas à alfabetização para formar mercados e público consumidor. No cenário de mudanças sociais, a formação sociocultural de indivíduos e grupos está fortemente ligada à mediação dos veículos de comunicação de massa.

Vale ressaltarmos que os meios podem ser considerados uma continuação do desenvolvimento da liberdade e da democracia. Por sua presença no cotidiano, tornaram-se responsáveis pela construção da **cidadania** apresentando um mundo editado e devidamente conhecido e criticado. Seriam uma forma de coroar as conquistas, os direitos políticos e, sobretudo, os direitos sociais com a garantia da educação (Baccega, 2009).

Sodré (2012, p. 15) lembra que "o tempo educacional é o da descolonização, portanto tempo de algo como uma 'reeducação' ou a reinvenção dos sistemas de ensino, com vistas à diversidade simbólica entrevista na dissolução das grandes explicações monoculturalistas do mundo".

Portanto, é válido não apenas trabalhar o repertório já sabido, mas também utilizar um conjunto de informações no sentido de incentivar a construção do saber. Nasce, assim, a possibilidade de pensar o ensino por meio de projetos que tenham sentido formador para o educando por suas relações intersubjetivas.

O novo desenho educativo se caracteriza pelo **compromisso com uma educação dialógica e crítica**, que se baseie nas realidades comunicacionais e, principalmente, tecnológicas. O objetivo é fazer o educando aprender a aprender (Citelli, 2004).

Essa é uma visão defendida e institucionalizada por Freire (2008), cuja proposta educacional aponta para o "estar no mundo e com o mundo". Um desafio que inclui interpretar o local e o global, a totalidade e a fragmentação, o concreto e o subjetivo, partindo da realidade e das vivências de cada educando, respeitando seu contexto social e cultural, assumindo o ser humano como ente constituído social, histórica e culturalmente em uma trama de múltiplas dimensões.

Por essa perspectiva, é importante desenvolver práxis educativas que entrelacem dimensões ético-políticas, técnico-científicas, epistemológicas, estético-afetivas e pedagógicas. Essa escola, conforme Freire (1995), seria constituída como um "lugar de gente" se relacionando social e humanamente.

O mesmo ideal é compartilhado por Citelli (2006), cujos apontamentos remetem à constituição de salas de aula como verdadeiros ecossistemas comunicativos abertos a experiências culturais, entendidas no sentido amplo e particular, respeitando-se a capacidade dos *media* de produzir bens simbólicos, valores, formas e representações.

Sodré (2012) alerta sobre o uso da tecnologia pelo sistema educacional, lembrando que, separada da dimensão cultural, a tecnologia se fecha num universo narcisista. Restam apenas os efeitos fascinantes do desempenho técnico. Entretanto, se aliada ao vínculo do aluno com sua comunidade e com seu entorno sociocultural, a tecnologia proporciona a emancipação social, estimulando a transmissão e a construção do conhecimento.

Para saber mais

Uma matéria publicada no *site* do jornal *Folha de S.Paulo* apresenta um panorama sobre como são as salas de aula em países diferentes pelo mundo. Há imagens de vinte ambientes diferentes. Pode-se perceber a disparidade entre os países desenvolvidos e subdesenvolvidos. O material pode ser encontrado em:

VEJA como são as salas de aula em 20 escolas de diferentes países do mundo. 2 out. 2015. **Folha de S.Paulo**. Disponível em: <http://www1.folha.uol.com.br/folhinha/2015/10/1689164-veja-como-sao-as-salas-de-aula-em-20-paises-diferentes-do-mundo.shtml>. Acesso em: 4 set. 2018.

4.4
Novos sujeitos do universo escolar

Os novos sujeitos do universo escolar são as crianças e os jovens que estão hoje nos bancos escolares. Quais características apresentam? Será que seu perfil mudou muito desde o advento das tecnologias? O que esse público espera e realmente quer aprender? O que se ensina na escola tem significado para esses alunos? As respostas a essas questões devem ser buscadas na realidade da atual sociedade inserida no universo tecnológico.

Você já se perguntou quanto mudou nos últimos anos? Quais características e habilidades você, sujeito da era tecnológica, adquiriu? Qual é a forma de pensar, de agir, de se comunicar, de compartilhar ideias, de viver em sociedade? Pensando pelo viés do desenvolvimento tecnológico e, consequentemente, da era da informação, tudo se tornou mais fácil, concorda? Tudo chega até nós em tempo real e qualquer um que tenha acesso à tecnologia e seja conhecedor dessa linguagem tem à disposição a possibilidade de expor o que pensa sobre determinado assunto. Basta querer dividir, opinar, compartilhar, expressar-se, agir.

Portanto, somos novos sujeitos inseridos numa nova sociedade que, como afirma Castells (1994), prima pelo **valor da informação** em detrimento da matéria-prima, do trabalho e do esforço físico. Pérez Gómez (2015, p. 15) corrobora essa ideia ao afirmar que:

É surpreendente observar a aceleração exponencial da mudança e da evolução do ser humano: a hominização durou vários milhões de anos; a pré-história nômade, quase um milhão de anos; a época da agricultura e pecuária, já sedentária, cerca de sete mil anos; [...] da era digital ainda temos apenas quatro décadas. O desenvolvimento simbólico e a gestão da informação são responsáveis por este efeito exponencial e acumulativo da evolução dos seres humanos. A força física humana foi substituída pela força física animal; esta, por sua vez, pela energia; e a última pela gestão digital da informação como fonte de satisfação de necessidades, desenvolvimento, sobrevivência e poder.

É certo que nem sempre o acesso fácil à informação alcança resultados positivos, se tomarmos como base o conteúdo do que se expõe, do que se compartilha. As discussões na internet nem sempre tomam um rumo saudável, ou seja, nem sempre seguem a direção de um ambiente de compartilhamento de ideias, de crescimento, de desenvolvimento intelectual. Muitas vezes, a rede se torna um verdadeiro campo de batalha em que nenhum dos lados têm razão e todos acham que sabem tudo. Basta tomar como exemplo o cenário político brasileiro da década de 2010, que tem visto aparecer nas redes sociais verdadeiros gladiadores. Portanto, ainda estamos longe da "maturidade tecnológica".

No entanto, na era da informação, como aprendizes do uso coerente, consciente e racional das novas tecnologias, estamos inseridos em um contexto nunca antes vivenciado.

Se houve a construção de novos sujeitos numa sociedade conectada 24 horas por dia, a escola não poderia estar alheia a tais mudanças que atingem a todos. Esses novos sujeitos estão presentes no universo escolar e trazem para sala de aula sua nova visão de mundo, seus anseios, seus desejos, suas angústias, suas expectativas, suas necessidades de se tornarem protagonistas na construção do conhecimento.

Num mundo globalizado, inserido no ciberespaço[3], a capacidade de aprender, transmitir saberes e produzir conhecimentos torna-se cada vez mais importante na formação escolar. Portanto, reflexões sobre o futuro dos sistemas de educação devem ser alicerçadas em análises prévias da mutação contemporânea da relação com o saber (Lévy, 1999).

Pela primeira vez na história da humanidade, segundo alerta Lévy (1999, p. 158), a "maioria das competências adquiridas por uma pessoa no início do seu percurso profissional estarão obsoletas no final de sua carreira". Em contrapartida, a nova natureza do trabalho, cuja transição parte do conhecimento, não para de crescer, de se transformar. Portanto, é preciso construir novos modelos do espaço dos conhecimentos.

Inseridos nesse novo contexto cultural, os jovens, descritos por Prenski (2001) como "nativos digitais", não estão habituados a pesquisar nas antigas enciclopédias. Agora, recorrerem a fontes digitais, antes dos livros e até mesmo da mídia impressa. São sujeitos que "falam" a linguagem digital desde que nasceram. São jovens acostumados a obter informações de modo rápido e a interagir com diversas mídias ao mesmo tempo. Portanto "a minissociedade que é a escola não pode se pensar totalmente fora das evoluções do conjunto da sociedade" (Delaunay, 2009, p. 170, citado por Barbosa; Fernandes, Morais, 2009).

---

[3] Espaço de comunicação aberto pela interconexão mundial dos computadores e das memórias dos computadores (Lévy, 1999).

Mesmo cientes de tais transformações, muitos professores ainda pensam as tecnologias como algo artificial, opondo-se à adoção de seu uso como natural. Não são poucos os casos em que a escola se apropria de tais ferramentas tecnológicas somente para a realização de tarefas preestabelecidas, limitando a potencialidade dessas tecnologias de interagir, descobrir e inovar.

Sodré (2012) alerta para o fato de que, na prática cotidiana, as tecnologias, principalmente entre os jovens, se tornam imprescindíveis, servindo, inclusive, para motivar movimentos sociais e auferir novas realidades urbanas. Para o autor, cabe à escola interagir dialeticamente com o espaço-tempo vigente do qual fazem parte sujeitos que deixaram de ser meros espectadores.

As discussões acerca de teorias pedagógicas visando ao aperfeiçoamento dos procedimentos de alfabetização e aprendizagem datam do século XX. Entretanto, apesar dos esforços e de algumas conquistas, essas propostas não obtiveram resultados satisfatórios em termos globais.

> Cada vez mais os pedagogos se convencem de que não bastam reformas, mas sim uma inovação radical, já que o modelo da escola tradicional não serve mais para os tempos atuais. Não serve porque as novas tecnologias de informação e comunicação deslocaram o eixo de transmissão do conhecimento – antes centralizado na escola –, agora compartilhado pela mídia, sobretudo pelas infovias, como a internet. Além disso, a exigência de conhecimentos especializados expandiu-se para diversos setores da sociedade, no campo, na indústria, no setor de serviços, e a rapidez das transformações requer a reutilização constante do saber e um dinamismo que a escola não tem. (Aranha, 2006, p. 295)

Parte desse fracasso se encontra na forma como a escola sempre assumiu seu papel. Como afirma Ongaro (2011, p. 19), "instrutora, socializadora e, principalmente, reguladora de condutas sociais consiste em fazer preceder o ensino de uma operação prévia tendo autoridade para transformar crianças em adultos que conhecem e aceitam regras".

Essa postura não condiz com os anseios de liberdade e flexibilidade das novas gerações mediadas pelas tecnologias e, principalmente, pelas redes sociais.

Assim como alerta Delaunay (2009), o indivíduo da contemporaneidade se tornou ao mesmo tempo produtor e consumidor; agora ele é um sujeito intercambiável, num lugar fixo, tornando-se nômade. A ruptura não é apenas tecnológica. A interatividade homem/máquina revela-se também em impactos industriais, culturais e sociais.

Essa opinião é compartilhada por Pérez Gómez (2015) ao afirmar que a capacidade de usar a tecnologia da informação é cada vez mais decisiva. Diariamente, novos serviços estão acessíveis na rede. Por isso há a necessidade de se formarem – com a máxima urgência – cidadãos preparados para os desafios gerados pelo ambiente digital. Esses sujeitos terão pela frente riscos desconhecidos, novos horizontes, formas inéditas de pensar uma sociedade conectada.

Na cultura do audiovisual, os sujeitos da contemporaneidade – com suas características tão distintas – passam por um período de mutação no modo de ser, pensar e estar no mundo. Essa é a primeira geração a dominar as ferramentas digitais. Com um acesso infinito ao conhecimento, processam, consomem, buscam, comparam, discutem e até mesmo criam informação numa velocidade superior à dos pais e professores. Portanto, não há déficit informacional para os novos sujeitos, mas a necessidade urgente de uma organização significativa das informações, que hoje estão fragmentadas.

A escola que há pouco tempo era vista como uma das principais instituições transmissoras do conhecimento deve estar preparada para romper com o tradicional, libertando-se da forma de ensinar até então definida e vista como lei absoluta nos limites de seus muros. As características desses novos sujeitos no ambiente escolar não condizem com o ensino frontal e homogêneo.

O "adestramento de ideias" não é aceito pelos indivíduos inseridos na era tecnológica. A regra agora é aprender a pensar, a questionar, a modificar, a desestabilizar, a sair da zona de conforto. Mesmo porque o mercado de trabalho tende a exigir cada vez mais tais características, e a escola, por sua vez, terá que preparar esses novos indivíduos para as mudanças que os esperam. Nesse novo cenário, o sujeito ativo e autônomo também é protagonista da própria descoberta educativa, do próprio ser.

Estar atenta às transformações socioculturais ocorridas principalmente nos últimos anos com o advento das tecnologias é um dever da escola. Não se trata apenas de garantir o conteúdo programático, mas de respeitar o aspecto social e, principalmente, cultural de cada indivíduo. Além disso, a tecnologia deve ser utilizada de forma correta, proporcionando ao aluno a leitura crítica dos meios e a construção do próprio saber.

4.5
Recepção e educação para os meios

Como demonstramos ao longo deste capítulo, a escola está passando por mutações significativas. Existe um evidente conflito entre a imaginação, a criatividade e o acesso rápido a informação de jovens estudantes com a ambiguidade de vazios teóricos e lacunas metodológicas adotadas e muitas vezes defendidas por aqueles que estruturam todo o aparato do universo escolar. A escola se depara agora com um receptor de mensagem que se encontra numa condição comunicacional distinta, na qual os papéis dos produtores e dos consumidores e, consequentemente, das audiências são realizados.

A fim de analisarmos os estudos de recepção e sua importância para a educação, recordemos um pouco a teoria da comunicação. Muitas das escolas costumam demonizar os meios de comunicação de massa. Inúmeras são as correntes de pensamento a respeito da mídia que se debruçam sobre a posição que ela ocupa nas sociedades contemporâneas. Consideremos, por ora, apenas a Escola Latino-Americana de Comunicação.

Nos anos 1960, principalmente no continente americano, vários movimentos se formaram ao mesmo tempo. A maioria dos países passou por um período de instabilidade política com a implantação de governos ditatoriais. A juventude conviveu com mudanças culturais significativas. Houve a reconfiguração do papel da mulher na sociedade. Uma efervescência cultural movimentou as discussões entre grupos sociais.

Esse momento também foi marcado pela tensão entre a sociedade e os meios de comunicação de massa. *Dependência, hegemonia, dominação, resistência, liberdade de informação* eram termos corriqueiros entre as pesquisas acadêmicas da época. Instauraram-se discussões entre um conjunto de autores latino-americanos. Instuticionalizou-se, então, a **Escola Latino-Americana de Comunicação**, abrindo precedente para estudos entre as estruturas sociais vigentes, os determinismos econômicos e os modelos de comunicação adotados até então (Berger; Schwaad, 2014).

Inicialmente, essa escola contemplou denúncias relativas à dominação cultural na qual vivia o continente latino-americano. Com base nas análises de uma massa considerada atrofiada, houve a busca pela **valorização de culturas locais** e pela **defesa de identidades próprias**. Centros de estudos, revistas acadêmicas e grupos de pesquisadores foram surgindo com o intuito de fortalecer essa área do conhecimento.

O continente era pressionado pela expansão capitalista vinda do norte. A imposição de produtos e, principalmente, do modo de vida era comum no período. Dessa forma, estudiosos da comunicação começaram a abandonar as teorias até então propostas em contextos europeus e norte-americanos, passando a se preocupar com a realidade sul-americana.

Berger e Schwaad (2014) relembram que se buscou uma compreensão do processo de comunicação massiva com a contextualização do desenvolvimento cultural dos países e sua relação com o desenvolvimento do capitalismo.

> Os pesquisadores da comunicação foram testemunhas das intensas transformações em seus países, o que justificou a

constituição de um fazer militante. Ou a sociedade se assumia protagonista da cultura latina, ou teria de enfrentar uma massificação estrutural, uma vez que na ordem mundial em vigor nada havia de dialógico. Além disso, do ponto de vista teórico, o que caracterizava culturalmente os latino-americanos não poderia ser entendido sob a perspectiva dos países desenvolvidos, pois as teorias da comunicação europeias e norte-americanas traziam em si, também, um acento de dominação contra a qual era necessário lutar. (Berger; Schwaad, 2014, p. 202)

Da inicial crítica a uma comunicação considerada dirigida, novas fases passaram a caracterizar a Escola Latino-Americana de Comunicação. A criação de entidades como a Asociación Latinoamericana de Investigadores de la Comunicación (Alaic), a Sociedade Brasileira de Estudos Interdisciplinares da Comunicação (Intercom) e a Federação Latino-Americana de Jornalistas (Felap), bem como de revistas acadêmicas, a exemplo de *Comunicación y Cultura*, *Chasqui* e *Cuadernos del Ilet*, impulsionou uma segunda fase dos estudos, marcada por um desequilíbrio informacional de uma sociedade e pela possibilidade de emancipação.

Numa terceira fase, como explica Berger e Schwaad (2014), há uma ascensão das classes subalternas como sujeitos produtores de comunicação popular e alternativa em resposta à produção da indústria cultural. A Escola Latino-Americana modificou a forma de pensar a comunicação. Ela foi responsável por inovações apresentadas pelos estudos culturais. "Novas frentes de estudo foram abertas e reforçaram a maneira peculiar de ver a ação da indústria cultural, o receptor, as camadas populares, as possibilidades de leitura e interpretação das mensagens massivas" (Berger; Schwaad, 2014, p. 208).

No tocante à educação na América Latina, os estudos culturais contribuíram, a partir dos anos 1980, com as investigações sobre recepção. Tornou-se fundamental examinar os modos como os cidadãos usam os meios e, com isso, como produzem sentido em suas experiências. Pela primeira vez na história da teoria da comunicação, os pesquisadores se debruçaram sobre a recepção e sua utilidade na vida diária. Foram observadas as relações entre os meios, as audiências, o consumo cultural e as mediações.

Instituições de cunho religioso, principalmente católicas, buscaram, nesse viés de pesquisa, iniciativas que proporcionassem uma leitura dos processos comunicacionais no cotidiano. Normalmente voltadas à escolarização não formal, essas organizações promoviam a leitura crítica dos meios, formando alunos também críticos para a recepção das mensagens. Do cinema ao vídeo, muitos projetos tinham como objetivo principal compreender e analisar aspectos específicos da linguagem e dos recursos audiovisuais disponíveis.

Dois autores merecem destaque nos estudos culturais latino-americanos para a compreensão da recepção e sua contribuição para o processo de leitura crítica dos meios na educação: o colombiano Jesús Martín-Barbero (1937-), que enfatiza o uso social dos meios de comunicação de massa, e o mexicano Guillermo Orozco Gómez (1954-), que apresenta um enfoque integral da audiência, tornando-se um dos maiores pesquisadores do processo de recepção.

Martín-Barbero é um antropólogo e filósofo nascido na Espanha que adotou a Colômbia como seu lar. Expoente nos estudos culturais contemporâneos, traz à luz a análise do processo de comunicação por meio de uma visão antropológica da cultura. Na América Latina, ele se propôs a analisar não apenas como o emissor envia a mensagem, mas também como o receptor a entende.

Os estudos de recepção desenvolvidos por Martín-Barbero levam em conta fatores de **participação nas mensagens**, de **poder de produção** e de **bagagem cultural**. O autor acredita que a comunicação é uma questão de **mediações**; nelas, o primordial não são os meios, mas as relações sociais que ocorrem no processo de recepção de mensagens:

> compreender a comunicação implica investigar não só as artimanhas do dominador, mas também tudo aquilo que no dominado faz o favor do dominador, ou seja, as múltiplas formas da cumplicidade de sua parte e a sedução que acontece entre ambos. Foi a mistura de Gramsci com Freire que me ensinou a pensar a comunicação, ao mesmo tempo, como processo social e como campo de batalha cultural. (Martín-Barbero, 2014, p. 21)

Martín-Barbero é estudioso da aproximação entre os campos da comunicação e da educação e assimilou conceitos de Freire (1967), que tece duras críticas ao que chama de "cultura do silêncio", ou seja, o conjunto de pautas de ação e esquemas que conformaram a mentalidade e o comportamento dos latino-americanos desde a conquista de suas terras por outros povos. Orientando-se por essa perspectiva, Martín-Barbero (2014) crê que a alienação nunca é total nem a consciência dominada deixa de ser consciência e que, lentamente, na educação, a situação de força se transformou em situação de fato, sendo legitimada pelos oprimidos.

O autor lembra, ainda, que a história da América Latina é um longo e denso **processo de incomunicação**. As estruturas de dominação são múltiplas e estão inseridas numa frustração que impede o dizer sobre o próprio mundo e sobre si mesmo. Portanto, é necessário pensar a **linguagem como mediação**. E, novamente apropriando-se de Freire (1967), Martín-Barbero (2014) explica que a nova educação deve estar alicerçada na tomada da consciência dos oprimidos, no conteúdo que prima pela problemática da vida, que valoriza a prática da descoberta da até então palavra negada.

Já **Orozco Gómez** é considerado um dos maiores pesquisadores dos processos de recepção. Doutor em Educação pela Universidade de Harvard, nos Estados Unidos, sua obra apresenta um esforço de aproximação entre os campos da comunicação e da educação. Para o autor, o século XXI está sendo marcado por mudanças que recolocam o comunicativo no centro da compreensão da sociedade contemporânea.

Orozco acredita que, mediados por telas, os participantes do processo comunicativo podem descontruir, de maneira real e até mesmo material, reinterpretando, ressignificando ou mesmo descontruindo simbolicamente objetos e referentes de seu intercâmbio comunicativo. É a mudança no *status* das audiências.

No campo das dimensões educativas, Orozco enfoca a relação entre família, escola e televisão. Para o autor, o consumo televisivo deve estar inserido no processo pedagógico contribuindo para a **emancipação dos sujeitos**. A linguagem televisiva oportuniza a relação entre os códigos, signos e significantes com a própria audiência.

Para Orozco (2014), as aprendizagens concorrem e as instituições que a promovem também. Segundo o mexicano, às vezes vence a escola, outras a família, e outras a religião. Entretanto, quase sempre são os meios de comunicação de massa que saem na frente nessa batalha.

Na opinião de Orozco (2014, p. 25):

> O aprender não depende unicamente do ensinar, pois se aprende de muitas maneiras: pela descoberta, pela tentativa e pelo erro, tanto ou mais do que como resultado de algum ensinamento. [...] É preciso romper esse monopólio e a crença generalizada de que a educação só tem a ver com o escolar. [...] O futuro dependerá cada vez mais da própria capacidade de aprender do que das opões de ensino das quais se possa participar.

Para saber mais

O termo *nativos digitais* refere-se às crianças nascidas a partir dos anos 1980. Conhecidas por *geração Y*, nasceram, cresceram e se desenvolveram num período de grandes transformações tecnológicas. No decorrer dos anos, adquiriram competências e habilidades para desenvolver atividades pautadas pelas novas tecnologias da informação e comunicação. Quer saber mais sobre a cibercultura e os nativos digitais? Leia:

LÉVY, P. **Cibercultura**. São Paulo: Ed. 34, 1999.

Perguntas & Respostas

É possível aos profissionais da comunicação adentrar o universo da educação, de forma que seus conhecimentos técnicos contribuam para a melhoria do processo ensino-aprendizagem?

Cada vez mais a comunicação e a educação têm se tornado áreas parceiras. Na era da informação, não é mais possível que a escola ignore a presença e a força da comunicação. O acesso à informação é diário e em tempo real. *Tablets*, *smartphones* e computadores fazem parte da vida dos estudantes, que passaram a compartilhar fotos, imagens e assuntos; relacionar conhecimento e pesquisa; conhecer novas pessoas; descobrir um mundo infinito de novas oportunidades. Portanto, a necessidade de uma alfabetização midiática informacional torna fundamental a parceria entre comunicadores e professores. Nasce, assim, uma nova área do conhecimento e novas oportunidades no mercado de trabalho.

Síntese

Neste capítulo, você aprendeu que:

- a despeito das mudanças na área tecnológica e apesar de a educação estar atrelada ao uso dessas tecnologias, algumas características da escola do século XIX ainda perduram no século XIX;
- o novo sujeito presente nos bancos escolares é muito mais crítico e conectado com o mundo;
- a escola tem passado por uma crise de identidade e ainda sente dificuldade em se adaptar a essa nova realidade sociocultural;

- é necessária uma alfabetização midiática informacional, partindo do princípio de que o uso da mídia e da tecnologia pode transformar conteúdos escolares em algo mais atraente e significativo aos olhos tanto de educandos quanto de educadores.

Questões para revisão

1) (Enade, 2015 – Comunicação Social – Jornalismo)

   A alfabetização midiática e informacional tem como proposta desenvolver a capacidade dos cidadãos de utilizar mídias, bibliotecas, arquivos e outros provedores de informação como ferramentas para a liberdade de expressão, o pluralismo, o diálogo e a tolerância intercultural, que contribuem para o debate democrático e a boa governança. Nos últimos anos, uma ferramenta de grande valia para o aprendizado, dentro e fora da sala de aula, têm sido os dispositivos móveis. Como principal meio de acesso à internet e, por conseguinte, às redes sociais, o telefone celular tem sido a ferramenta mais importante de utilização social das diferentes mídias, com apropriação de seu uso e significado, sendo assim, uma das principais formas para o letramento digital da população. Esse letramento desenvolve-se em vários níveis, desde a simples utilização de um aplicativo de conversação com coletas até a utilização em transações financeiras nacionais e internacionais.

   WILSON, C. et al. **Alfabetização midiática e informacional**: currículo para formação de professores. Brasília: UNESCO, 2013 (adaptado).

A partir dessas informações, avalie as asserções a seguir e a relação proposta entre elas.

I) Uma pessoa letrada digitalmente tem capacidade para localizar, filtrar e avaliar informação disponibilizada eletronicamente e para se comunicar com outras pessoas por meio de Tecnologias de Informação e Comunicação.

PORQUE

II) No letramento digital, desenvolve-se a habilidade de construir sentidos a partir de textos que se conectam a outros textos, por meio de hipertextos, *links* e elementos imagéticos e sonoros.

A respeito dessas asserções, assinale a opção correta.

a) As asserções I e II são proposições verdadeiras, e a II é uma justificativa correta da I.
b) As asserções I e II são proposições verdadeiras, mas a II não é uma justificativa correta da I.
c) A asserção I é uma proposição verdadeira, e a II é uma proposição falsa.
d) A asserção I é uma proposição falsa, e a II é uma proposição verdadeira.
e) As asserções I e II são proposições falsas.

2) Avalie se as afirmativas a seguir são verdadeiras (V) ou falsas (F).
( ) A educação de hoje está obsoleta, mesmo com as mudanças sociais ocorridas com o advento das tecnologias.
( ) Nos anos 1970, a educação começou a entrar em crise. Houve uma desvalorização dos diplomas escolares.

( ) Sodré (2012) alerta que a escola de hoje tem um papel mais amplo do que a simples transmissão do saber.
( ) Para Sodré (2012), o tempo é de uma reinvenção do sistema de ensino.
( ) Cabe à escola interagir dialeticamente com o espaço-tempo vigente do qual fazem parte sujeitos que deixaram de ser meros espectadores.

Assinale a alternativa correta:

a) V, V, F, V, F.
b) F, V, F, F, V.
c) V, V, V, F, F.
d) V, F, F, F, V.
e) V, V, V, V, V.

3) Assinale a alternativa correta a respeito da postura da escola diante do novo cenário sociocultural no qual vive a sociedade da informação:

a) Os meios de comunicação de massa e o advento das tecnologias não causaram impacto algum na comunidade escolar nos últimos anos. A escola continua seu papel educacional de simples transmissão do saber e não tem necessidade de se readaptar à nova realidade sociocultural. Afinal, ela é tradicionalmente a instituição do saber supremo.

b) Para Orozco (2014), o aprender passa pela descoberta e até mesmo pelo erro. Segundo o autor, é preciso romper com o monopólio da escola, muitas vezes considerada a única detentora do saber.

c) Os novos sujeitos da educação normalmente encontram um ambiente escolar inovador. Até mesmo a estrutura física escolar foi modificada com novos mobiliários, novas formas de ensinar e de aprender. Isso é sinal de que a escola está deixando de ser o que era no século XIX e passando a ser efetivamente do século XXI. Para Canclini (1997), a educação não deve levar em conta uma ética transcultural.

d) Não há necessidade do reconhecimento de diferentes estilos sociais ou de convivência multiética. Cada instituição de ensino deverá respeitar suas peculiaridades e seus modos de ser.

e) Todas as demais alternativas são incoerentes e não têm relação com a nova postura que deve ser adotada pelas instituições de ensino inseridas na nova realidade vivida pela sociedade do século XXI.

4) Leia o trecho a seguir:

Uma educação compatível com a diversidade cultural e com o sensorium afim à novíssima tecnologia da informação e da comunicação não será aquela que se paute exclusivamente pelo uso instrumental da mídia ou de objetos técnicos avançados – logo, o que importa não é a diversidade de conteúdos culturais a serem acessados – e sim a comunicação que incorpore pedagogicamente a dimensão do sentir, a mesma que conforma o mundo vital. (Sodré, 2012, p. 186)

Considerando o paralelo entre as afirmações de Sodré (2012) e as novas perspectivas para uma educação emancipadora, assinale a alternativa correta:

I) Os sujeitos inseridos hoje no universo escolar são mais críticos e têm contato diário com um espaço multicultural que deve ser respeitado pela escola.

II) As tecnologias podem ser vistas como ferramentas educacionais que permitem a abertura de novos espaços e maior acessibilidade à produção de conteúdo; entretanto, de nada servirá o uso da ferramenta se a metodologia de ensino utilizada for a mesma.

III) Numa sociedade multicultural, torna-se necessário criar possibilidades educacionais que primem pelas experiências do mundo vivido. Assim, como afirma Martín-Barbero (2002, p. 352): "a construção de cidadãos significa uma educação de ensinar a ler de forma cidadã o mundo, ou seja, capaz de criar nos jovens uma mentalidade crítica, questionadora, desajustadora da inércia em que as pessoas vivem".

IV) Para que uma nova forma de ensinar seja constituída, é preciso que haja uma educação que prime pelo multicultural e que encontre na alfabetização midiática e no uso das tecnologias aliados importantes cujo único objetivo é a melhoria de resultados e a garantia de um processo de ensino e aprendizagem compatível com a realidade de cada estudante.

É correto o que se afirma em:

a) I e II
b) I, II e IV
c) I, II e III
d) I, III e IV
e) I, II, III e IV

5) Como o sociólogo e filósofo polonês Zygmunt Bauman (2013) define o termo *cultura*?

6) Explique os estudos de recepção na América Latina sob o ponto de vista do antropólogo e filósofo espanhol Jesús Martín-Barbero (2014).

5
Mídia alternativa e mídia radical: será o princípio da liberdade?

Conteúdos do capítulo:

- Processo de midiatização da cultura.
- Influência midiática e fenômenos culturais e sociais.
- O fenômeno dos movimentos sociais a partir da Primavera Árabe e sua relação direta com a transformação do mundo na sociedade em rede.
- Veículos de comunicação alternativos e radicais.

5.1
Cultura na sociedade contemporânea

Antes de abordarmos a midiatização da sociedade, temos de explicitar o conceito de *cultura* nos referindo àquela que nos torna seres simbólicos e criadores de teias, numa trama de redes, de sistemas de regras, de relações, de mitos, de ideologias e de visões de mundo (Brandão, 2009).

Ongaro (2011) lembra que vivemos num mundo globalizado e altamente diversificado culturalmente. O grande desafio, sem sombra de dúvidas, está em saber lidar com as mais diversas formas de cultura, com suas multiplicidades e tendências.

Wolton (2006) reconhece que, no século da comunicação, tudo é mobilidade, velocidade e mudança. O novo espaço de trocas que garantiu o triunfo de um receptor de mensagens não facilmente manipulado abriu precedentes para que os sujeitos estivessem conectados com o mundo. Coabitar nesse emaranhado de informações e teias de relacionamento nos faz refletir, ao mesmo tempo, sobre o direito de nos expressarmos e o dever de darmos espaço às reflexões, angústias e realidades do outro.

Ter a liberdade para falar de tudo, inclusive de assuntos antes considerados tabus, foi uma conquista da sociedade contemporânea. E a história nos mostra que há bem pouco tempo, várias temáticas não eram sequer discutidas. Vale salientarmos que, num passado não tão distante, discutir a sexualidade, o racismo, a homossexualidade ou a xenofobia era expressamente proibido. Muitas sociedades consideravam as discussões sobre essas temáticas uma afronta a Deus ou mesmo um incentivo à destruição da família.

Se esses assuntos tão polêmicos dizem respeito à realidade da sociedade na qual estamos inseridos, por que ainda há resistência em aprender e compartilhar e dividir opiniões, muitas vezes, contrárias às nossas? Qual é o motivo de, em muitas oportunidades, julgar, desqualificar e criticar outros povos, outras etnias, outras crenças, realidades diferentes? Por que tecer opiniões sobre seitas religiosas sem ao menos conhecer suas essências?

Trazer à discussão temáticas polêmicas utilizando para isso os meios de comunicação de massa era uma prática inviável. Fechadas em seus núcleos e nas próprias realidades, as sociedades preferiam se abster de tais debates. Não são poucos os casos nos quais os sujeitos, movidos, muitas vezes, pela pressão de instituições reguladoras, como a Igreja e a família, fechavam seus olhos a uma nova realidade social que insistentemente batia à porta todos os dias.

> O fim das distâncias físicas revela a incrível extensão das distâncias culturais. Essa é a ruptura que deve ser pensada. Nunca foi tão fácil enviar mensagens de um lado ao outro do mundo, mas, simultaneamente, a recepção está cada dia mais problemática, devido à visibilidade crescente das diferenças culturais, políticas, sociais e religiosas. As técnicas são homogêneas, mas o mundo é heterogêneo. (Wolton, 2006, p. 19)

O fato é que, no mundo contemporâneo, a cultura ocupa cada vez mais espaço na vida social.

5.2
Midiatização da cultura

Professor e vice-presidente do Departamento de Mídia, Cognição e Comunicação da Universidade de Copenhague, na Dinamarca, Stig Hjarvard (1960-) se tornou, nos últimos anos, um dos expoentes no estudo da midiatização da cultura. Para esse pensador, o tema, que a cada dia ganha mais relevância entre os pesquisadores da academia, está diretamente relacionado às modulações sociais e culturais sob a lógica das mídias.

O autor explica que vivemos a **midiatização intensiva da cultura e da sociedade**. Esse fenômeno não se limita à formação da opinião pública, atravessando quase todas as instituições sociais e culturais. "Cada vez mais, outras instituições necessitam de recursos da mídia, incluindo sua habilidade de representar a informação, construir relações sociais e ganhar atenção com ações comunicativas" (Hjarvard, 2014, p. 21).

Assim, afirma que é necessário analisar o papel da mídia em vários contextos sociais com uma ancoragem mais sólida. Nesse caso, as mídias seriam entendidas como estruturas que condicionam e permitem a ação humana reflexiva. Ao lado de outras instituições sociais (política, religião, família e educação), a mídia estaria exercendo um papel cada vez mais independente

Além de Hjarvard (2014), outros autores se dedicam a entender tais fenômenos. Sodré (2012) reconhece que a sociedade contemporânea está imersa num espaço midiatizado. Com as novas tecnologias, a comunicação deixa de ser centralizada, unidirecional e vertical. Tradicionalmente reconhecida como um campo fechado, a mídia passa, então, a ser produtora de sentidos sociais.

A internet, principalmente, tem colaborado para a comprovação desses fatos. Desde que se tornou popular, deixa explícitas suas funções simultâneas, instantâneas e globais.

Na perspectiva dos estudos da midiatização da cultura, os suportes tecnológicos (computadores, *tablets*, telefones celulares ou mesmo *smart*TVs) não são tidos apenas como mídias de convergência, mas, sobretudo, como ferramentas interativas que possibilitam aos sujeitos transformar suas experiências em informação, contribuindo, inclusive, para a reestruturação das mídias tradicionais.

Stasiak e Barichello (2007) afirmam que o espaço midiatizado é caracterizado pela **hibridização das formas discursivas do texto**, som e imagem, o chamado *hipertexto*. O formato acelera o processo de circulação da informação, transformando a vida humana em suas formas de sociabilização. "A midiatização manifesta-se em um cenário de heterogeneidades trazidas, em sua maioria, pelos avanços tecnológicos, onde a natureza da organização social não é, de modo algum, linear e homogênea, mas descontínua" (Stasiak; Barichello, 2007, p. 109).

Fausto Neto (2005, p. 3, citado por Stasiak; Barichello, 2007, p. 109) explica que:

> por muito tempo os paradigmas vigentes nas teorias comunicacionais apostavam na ideia de que a convergência das tecnologias nos levaria a estruturação de uma sociedade uniforme, com gostos e padrões, em função de um consumo homogeneizado...

mas o que vemos é a geração de fenômenos distintos e que se caracterizam pelas disjunções entre estruturas de oferta e de apropriação de sentidos.

Jenkins, Green e Ford (2014) explicam que não se deve supor que as novas plataformas liberaram as pessoas das velhas limitações. Em vez disso, a mídia digital se tornou catalisadora para a reconceitualização de outros aspectos da cultura, sendo oportuno repensar as relações sociais, a participação cultural e política, bem como as expectativas econômicas.

Os autores alertam ainda que, com a midiatização, houve ganhos significativos na criação de ambientes de comunicação mais participativos. No entanto, há uma ressalva: isso se dá em termos relativos, pois se trata de uma participação relacionada aos antigos sistemas de comunicação de massa.

Para Jenkins, Green e Ford (2014), não vivemos e talvez nunca vivamos em uma sociedade de participação plena. As classes mais desfavorecidas economicamente certamente não terão a mesma capacidade comunicativa das elites poderosas.

5.3
Movimentos e fenômeno das redes

Agora que você já sabe como os estudiosos da comunicação vêm analisando a sociedade midiatizada, suas características e seus efeitos, chegou o momento de discutir como esse fenômeno acontece na prática.

Em dezembro de 2010, um jovem tunisiano chamado Mohamed Bouazizi teve sua banca de frutas e legumes confiscada pela polícia local. Como forma de protesto, ateou fogo em seu próprio corpo. A atitude desesperada foi a gota d'água para uma série de manifestações que aconteceram naquele país.

Insatisfeita com o regime ditatorial de Zine El Abidine Ben Ali, que já durava 23 anos, a população passou a exigir mudanças político-sociais como a institucionalização da democracia. Havia protestos requerendo eleições diretas. Em 30 dias, Ben Ali não resistiu às pressões populares e acabou renunciando.

A **Revolução de Jasmim**, como ficou conhecida, chamou a atenção de países vizinhos que também tinham problemas semelhantes aos vividos pelos tunisianos. Encorajados pelos resultados alcançados pelo levante popular na Tunísia, protestos se espalharam por todo o norte da África, bem como por parte do Oriente Médio. Esse fenômeno ficou conhecido como **Primavera Árabe**.

Outro ditador a cair foi o egípcio Hosni Mubarak, que havia ficado no poder por longos 30 anos. No Egito, as manifestações ficaram conhecidas como **Revolução de Lótus**. Em 2011, o povo da Líbia também fez sua revolução. O ditador Muammar Kadhafi, após permanecer no poder por 42 anos, foi capturado e linchado em praça pública.

A Síria foi o país no qual os conflitos mais se estenderam. A oposição sunita, influenciada pela eclosão das revoltas no Egito e na Tunísia, tentou ascender ao poder por meio de uma revolta armada, duramente reprimida pelas tropas do ditador Bashar al-Assad.

A Primavera Árabe ainda chegou a outros países: Marrocos, Iêmen, Argélia e Omã. Na Arábia Saudita e na Jordânia, as manifestações ocorreram em menor intensidade.

O mais interessante é que esses movimentos só foram possíveis graças às redes sociais. Mas você pode estar se perguntando: Como comprovar que as redes foram responsáveis por tais eventos que mobilizaram milhões de cidadãos? Teriam as redes sociais todo esse poder?

Um relatório divulgado pela *Dubai School of Government*, comprovou em números o papel fundamental das redes sociais no sucesso e na proliferação dos protestos da Primavera Árabe. Segundo o relatório, entre novembro de 2010 e janeiro de 2011, 200 mil novos cadastros foram feitos no Facebook por cidadãos da Tunísia (ponto de partida das revoltas). O relatório mostrou ainda que nove em cada dez tunisianos e egípcios confirmaram ter utilizado o Facebook para organizar os protestos e aumentar a participação popular (Borges, 2012).

O número de usuários na rede também cresceu exponencialmente em outros países do mundo árabe. De 14 milhões, os usuários do Facebook saltaram para 27,7 milhões entre fevereiro de 2010 e 2011. O Twitter também foi amplamente utilizado, inclusive como espaço para informar a imprensa internacional sobre o que estava realmente acontecendo naquelas regiões. A *hashtag* #Egypt (Egito, em inglês) foi a mais utilizada – 1,4 milhão de vezes (Borges, 2012).

De acordo com Castells (2017), esses eventos ocorreram de maneira inesperada. Os inicialmente poucos se transformaram em milhões. O autor explica ainda que, nos últimos anos, houve uma mudança fundamental no domínio da comunicação. Ao cunhar o termo *autocomunicação*, Castells (2017) busca explicar o uso da internet e das redes sem fio como plataformas de comunicação digital. É a comunicação de muitos para muitos buscando alcançar a multiplicidade de receptores.

Nesse sentido, a produção de mensagem é decidida de forma autônoma e a designação é autodirecionada. "A comunicação de massas baseia-se em redes horizontais de comunicação interativa que, geralmente são difíceis de controlar por parte de governos e empresas. [...] É por isso que os governos têm medo da internet, e é por isso que as empresas têm com ela uma relação de amor e ódio" (Castells, 2017, p. 21-22).

5.4
Mídia alternativa

O filósofo francês Pierre Lévy (1956-), uma das maiores autoridades do mundo nos estudos da cibercultura, destacou que a mídia tradicional já não tem mais tanta credibilidade e que a comunicação autônoma significa que o cidadão decide em quem confiar (Lévy, 2013). Nesse caso, o receptor estaria apto a distinguir honestidade de manipulação, bem como opacidade de transparência. Segundo Lévy, esse seria o ponto da nova comunicação na mídia social.

Discutir a relação entre mídia e liberdade de expressão é necessário, principalmente, num país como o Brasil, onde as desigualdades sociais e culturais se acentuam. A grande mídia está nas mãos de grupos econômicos restritos e de famílias tradicionais. Isso nos leva a questionar até que ponto a informação produzida pelos grandes veículos pode ser considerada confiável e de real interesse social.

A crise no setor jornalístico, o enxugamento das redações, os baixos salários, as péssimas condições de trabalho e a falta de isenção por parte de alguns veículos de comunicação, além da relação direta entre estes e os poderes político e econômico vigentes, fazem alguns profissionais de imprensa repensarem suas carreiras. Ao buscar novas oportunidades no mercado de trabalho, muitos optam por uma nova forma de fazer jornalismo. Buscam veículos de mídia alternativa.

O termo *mídia alternativa* nasceu no Brasil, na década de 1960, em pleno regime de ditadura militar. Na época, o nome era utilizado para designar todos aqueles que se opunham ao sistema preestabelecido.

O Ato Institucional n. 5, mais conhecido como *AI-5*, promoveu um cerco aos grandes meios de comunicação do período. Dessa forma, muitos profissionais de imprensa e intelectuais de esquerda optaram por criar jornais alternativos. Destacam-se veículos como *O Pasquim*, *Brasil Mulher* e *Movimento*.

> Na década de 60 deu-se o surgimento da imprensa denominada independente, nanica ou alternativa. (...) O primeiro jornal desse tipo – o *Pif-Paf* – surgiu em 1964 e teve duração efêmera de 8 edições quinzenais sob a direção do esquerdista Millôr Fernandes. O mesmo humorista em 1969, reunindo-se a um grupo de críticos e humoristas de esquerda (Ziraldo, Tarso de Castro, Henfil, Jaguar) funda o semanário *O Pasquim*. As características desta imprensa: tiragem reduzida de cada impressão; repercussão reduzida, exceções como *O Pasquim*, *Movimento*, *Em Tempo*; falta de esquema empresarial com trabalho semiartesanal na maioria dos órgãos; ausência de suporte financeiro adequado, caracterizada pela inexistência de anúncios comerciais etc. (Marconi, 1980, citado por Amorim, 2007, p. 6)

Conhecida por pluralizar vozes, a mídia alternativa, muitas vezes, aos olhos do leitor, é a única possibilidade de encontrar a produção e a divulgação de um material que não oculta fatos, não os distorce ou mesmo deixa de ouvir os "invisíveis" da sociedade, como normalmente fazem os grandes veículos de comunicação.

Portanto, as mídias alternativas dão força às novas formas de comunicação que estão se constituindo com o advento das tecnologias e a formação de um receptor cada vez mais crítico. É importante destacar que a credibilidade que o conteúdo veiculado pelas mídias alternativas alcança vem chamando a atenção até mesmo do mercado publicitário.

O pesquisador britânico John Downing (2002) afirma que a mídia alternativa não surgiu como forma "revolucionária" contra a hegemonia dos meios de comunicação de massa. Nem mesmo surgiu como uma perspectiva progressista da comunicação e, portanto, não está diretamente ligada a uma ação positiva ou negativa. Entretanto, pode ser constituída como uma saída importante para aqueles que não têm espaço na mídia tradicional.

> A profunda desigualdade entre as abordagens correntes aos meios de comunicação se deve precisamente à recusa em se levar a sério a persistência histórica e a disseminação geográfica da mídia radical alternativa. Embora o alcance dessa mídia, na aurora do século XIX, seja mais amplo do que nunca – exigindo, por isso mesmo, nossa atenção analítica – esses meios de comunicação não são, de forma alguma, recentes na cultura e na política. A questão é que só há pouco tempo eles entraram na pauta da teoria e dos estudos oficiais, que têm uma predileção pelo que parece óbvio e fácil de verificar. (Downing, 2002, p. 21)

Downing (2002) explica, ainda, que os principais veículos são a internet, as rádios comunitárias e os jornais de baixa circulação. Para o pesquisador, a mídia alternativa é um suporte para o jornalismo alternativo. No entanto, sofre com perseguição política, falta de fontes de financiamento e até mesmo ataques a sua credibilidade.

5.5
Mídia radical

Pensar de forma mais abrangente a questão da mídia é o desafio lançado por Downing ao tentar explicar o que é a mídia radical. Segundo o autor, os pesquisadores em comunicação devem questionar o que realmente são as mídias. Estas

> compreendem um complexo intricado de interesses, demandas e respostas, um conflito permanente entre as diversas forças que a constituem (proprietários, patrocinadores, trabalhadores, cidadãos, políticos, militantes), além de envolverem também negociações com os sujeitos representados e com os públicos que se destinam. (Downing, 2002, p. 9-10)

São também responsáveis por englobar todas as expressões sociais existentes. Entre elas destacam-se a dança, o teatro, a música, os murais, os grafites e o próprio vestuário (Downing, 2002). Assim, o pesquisador vai além em suas considerações. Acostumados a associar a mídia com rádio, cinema, imprensa e televisão, devemos voltar o olhar a outros tipos de mídias como as citadas.

Sob uma visão antropológica da mídia, Downing toma como exemplo a tatuagem para explicar de que modo essa mídia pode ser importante para determinado indivíduo.

> Pode significar um amor que passou e que não voltará mais. [...] Nas prisões significa que fazem parte de algum grupo, gangue, e são esses signos que fazem deles estar ou não em perigo lá dentro. Na época do nazismo também se utilizavam tatuagens para marcar as pessoas. É um exemplo terrível. Está aí o significado da mídia. Por que ela comunica. E a tatuagem comunica. Algumas podem ter um significado mais importante, outras nem tanto. (Downing, 2009, p. 6)

A mídia alternativa não se manifesta nos tradicionais meios de comunicação de massa, mas nas ruas, nos muros, nas rádios comunitárias, nos vídeos da internet. São maneiras criativas de trazer à sociedade debates importantes.

O autor explica que a mídia radical se opõe de forma extrema ao sistema vigente, pois seu conteúdo político a diferencia das outras manifestações. "O papel da mídia radical pode ser visto como o de tentar quebrar o silêncio, refutar as mentiras e fornecer a verdade" (Downing, 2002, p. 49).

Nesse sentido, a forma de expressão da mídia radical não se prende a formatos nem a linguagens ou mesmo tecnologias avançadas. Downing (2002) afirma que as mídias radicais diferem da esfera hegemônica da industrial cultural, porque têm como característica o poder de romper regras. A mídia radical não pretende atingir milhões de pessoas. É mais local, com operações comunitárias. Seu objetivo é tratar de questões de determinado grupo, não se importando em seguir assuntos que as grandes corporações de comunicação colocam em voga (Downing, 2002).

Perguntas & Respostas

As mídias radical e alternativa são uma possibilidade de comunicação democrática em uma sociedade que, muitas vezes, sofre com as linhas editoriais dos grandes veículos, que pendem para determinados grupos econômicos e políticos?

Essas formas de mídia se tornaram importantes, principalmente na era tecnológica. Agora, qualquer cidadão pode ter acesso a uma informação, em vez de aguardar sua divulgação pela grande mídia. Além disso, essas mídias costumam consultar fontes diferentes das dos grandes veículos. Outra vantagem refere-se ao acesso. Normalmente, as mídias radical e alternativa são disponibilizadas pela rede. Assim, é possível trocar informações sobre diversos assuntos e emitir opiniões sobre eles.

Síntese

Neste capítulo, você pôde:

- compreender como, no século da comunicação, tudo é móvel e veloz;
- descobrir o que é a midiatização da cultura;
- analisar o papel da mídia em vários contextos sociais;
- examinar o desenrolar da Primavera Árabe e o papel das redes sociais nesse processo;
- entender como a mídia alternativa e a radical criaram novas narrativas mais combativas e com novas fontes de conhecimento.

Questões para revisão

1) (Enade, 2015)

Nas chamadas Jornadas de Junho, manifestações populares que tomaram as ruas de importantes centros país afora em junho de 2013, podemos destacar as mídias móveis e as redes de compartilhamento pela internet como elementos decisivos no modo como os protestos foram organizados e difundidos. Mais do que isso, o uso desses recursos foi especialmente marcante na maneira como as manifestações foram registradas e divulgadas pelas mídias sociais. Nesse cenário, o coletivo Narrativas Independentes, Jornalismo e Ação, o Mídia Ninja, ganhou destaque e visibilidade por sua cobertura em tempo real dos eventos, sendo tomada como um contratempo à cobertura dos acontecimentos realizada pelos grupos tradicionais de mídia.

Para ter uma ideia, temos um dado de 430 mil tuites com hashtag # vemprarua. Deste total, mais de 100 mil imagens, das quais 95% delas não são feitas pela Mídia Ninja, mas mesmo assim são muito potentes e replicadas. Reduzir a discussão dessas narrativas à deontologia jornalística é requerer que o jornalismo seja praticado por todos conforme as regras do jornalismo. Ao contrário, o que as narrativas mostram é que quanto mais subjetivo o sujeito no acontecimento, mais objetivo ele é. É só sendo muito subjetivo que você revela sua subjetividade, o seu "lado", por exemplo.

Fábio Malini, em entrevista ao **IHU** *on-line*. Disponível em: <http//: www.observatoriodaimprensa.com.br>. Acesso em: 20 jul. 2015 (adaptado)

Apesar de conectados por estas novas redes e, portanto, de não se informarem, não se divertirem e não se expressarem (prioritariamente) por meio da velha mídia, os jovens que detonaram as manifestações ainda dependem dela para alcançar visibilidade pública, isto é, para serem incluídos no espaço formador de opinião pública.

LIMA, V.A. de. Mídia, rebeldia urbana e crise de representação. In: ROLNIK, Raquel (org). **Cidades rebeldes**: passe livre e as manifestações que tomaram as ruas do Brasil. São Paulo: Boitempo editorial, 2013 (adaptado).

Considerando os textos apresentados e a referida cobertura das manifestações de junho de 2013, avalie as afirmações a seguir:

I) As tecnologias da informação e da comunicação têm favorecido o surgimento de arranjos de produção de conteúdo de mídia livres dos ditames das corporações tradicionais de mídia.

II) A excessiva fragmentação na composição dos arranjos das redes informais compostas pelos usuários compromete a visibilidade das atividades de distribuição de conteúdo nas mídias sociais.

III) O fato de os coletivos independentes não seguirem as regras do jornalismo tradicional prova que o conteúdo que distribuem por meio das redes sociais não afeta o panorama de mídia tradicional das grandes corporações de comunicação.

IV) A diversidade e a quantidade de conteúdo gerado pelos usuários mostram que há um fenômeno novo relacionado às mídias sociais, o qual coloca os cidadãos em posição de sujeitos de novos modelos de comunicação, mais descentralizados e livres.

É correto apenas o que se afirma em:

a) I e II.
b) I e IV.
c) II e III.
d) I, III e IV.
e) II, III e IV.

2) Analise este trecho:

O papel da mídia radical pode ser visto como o de tentar quebrar o silêncio, refutar as mentiras e fornecer a verdade. Esse é o modelo da contrainformação, que tem um forte elemento de validade, especialmente sob regimes opressores e extremamente reacionários. [...] Nesses cenários, a mídia radical tem a missão não apenas de fornecer ao público os fatos que lhe são negados, mas também pesquisar novas formas de desenvolver uma perspectiva de questionamento do processo hegemônico e fortalecer o sentimento de confiança do público em seu poder de engendrar mudanças construtivas. (Downing, 2002, p. 49)

Tendo como base a afirmação de Downing e os estudos do capítulo, assinale a alternativa correta.

a) A mídia radical não prende a formatos nem a linguagens ou mesmo tecnologias avançadas. Sua premissa consiste em mostrar informações de maneira diferente partindo na contramão do que a grande mídia costuma divulgar.
b) As mídias radicais não diferem da esfera hegemônica da industrial cultural, porque não têm como característica o poder de romper regras.
c) Assim como a mídia tradicional, a mídia radical segue assuntos gerais e não se limita a tratar de questões de pequenos grupos.

d) A mídia radical utiliza-se apenas de fontes oficiais de informação.

e) Nenhuma das alternativas apresentadas acima corresponde ao verdadeiro papel desempenhado pela mídia radical.

3) Assinale a alternativa que corresponde às características da mídia radical:

   a) Prima por fontes oficiais, é vista como uma alternativa às políticas hegemônicas, causa transtornos para o sistema dominante.

   b) Prima por fontes oficiais, aproxima-se da comunidade, influencia na formação dos sujeito.

   c) É vista como uma alternativa às políticas hegemônicas, não influencia na formação do sujeito, atinge determinados grupos.

   d) Prima por novas fontes de informação, tende a ser democrática, aproxima-se da comunidade.

   e) Nenhuma das características apresentadas nas alternativas anteriores tem relação direta com a mídia radical.

4) A respeito do papel da mídia e sua relação com o poder político, analise as afirmações a seguir:

   I) Governos totalitários temem e sempre temeram o poder da comunicação. As primeiras medidas adotadas por esses governantes sempre estiveram ligadas ao controle da mídia.

   II) As manifestações ocorridas no mundo árabe, batizadas de *Primavera Árabe*, foram bem-sucedidas graças à comunicação realizada nas redes sociais.

III) Na internet, além das redes sociais, a mídia alternativa surge como opção para os receptores que querem fugir das informações e versões divulgadas apenas pela grande mídia. Entretanto, a mídia alternativa vem sofrendo represálias por parte dos governantes, inclusive com o apoio dos grandes veículos de comunicação.

IV) Narrativas colaborativas têm ajudado a melhorar a qualidade da informação que chega ao receptor da mensagem, auxiliando movimentos sociais a se reorganizarem e a ter vez e voz. Portanto, a mídia alternativa estaria estimulando reflexões sobre a relação dos meios e a independência da comunicação.

É correto apenas o que se afirma em:

a) I e II
b) I, II e IV
c) I, II e III
d) I, III e IV
e) I, II, III e IV

5) De que modo Stig Hjarvard (2014) explica o fenômeno da midiatização da cultura?

6) Explique como a Primavera Árabe aconteceu não apenas pela força da mobilização popular, mas também pela contribuição significativa das redes sociais em todo o processo.

Para concluir...

Caro leitor, ao finalizar esta obra, questionamo-nos sobre o que realmente conseguimos transmitir nas páginas deste livro.

Ao depararmos com a temática da análise crítica das mídias e suas narrativas e trabalhando na área, empregamos a experiência adquirida em nossa trajetória profissional. Foi possível voltar ao final dos anos 1990, época em que víamos na comunicação uma oportunidade de dar vez e voz aos menos favorecidos. Ainda tínhamos a ilusão de que a grande mídia estava trabalhando em prol de uma sociedade mais justa e humana.

Hoje, assim como analisamos neste livro, acreditamos que a democratização da informação só será possível por meio de mídias alternativas e das escolhas do receptor da mensagem. Inserido na sociedade midiatizada, esse receptor tem o poder de compartilhar, editar, dividir, concordar, discordar, desligar, trocar, registrar, analisar, inserir, buscar, pesquisar, criticar, enfim, tomar decisões. Afinal, a informação está ao alcance de suas mãos, em tempo real, de forma instantânea.

Entretanto, sabemos que esse receptor precisa ser alfabetizado midiaticamente. Não basta ter acesso a uma gama infinita de informações. É fundamental saber selecioná-las e utilizá-las de forma consciente.

Nesse sentido, a escola também precisa estar preparada para as mudanças. Como explicamos, as atuais instituições de ensino ainda permanecem com uma estrutura bastante semelhante à que tinham no século XIX. No entanto, os sujeitos pertencentes a esse novo universo estão mais do que nunca inseridos no século XXI.

É importante, ainda, ressaltar que a alfabetização midiática não deve acontecer apenas com os alunos. Os professores também terão que reaprender a ler as mídias e a adaptar os conteúdos e as metodologias de ensino às novas realidades da sociedade da informação.

Por fazermos parte de uma geração de transição, fomos a primeira a sofrer os impactos e o choque cultural com a chegada das novas tecnologias. Talvez para você, leitor, já inserido nesse universo midiático, possa parecer algo simples; entretanto, as mudanças foram bem significativas e ocorreram numa velocidade que ninguém poderia imaginar.

A cada capítulo deste livro, tentamos contar um pouco dessa história. Além disso, buscamos, nos teóricos da comunicação, fundamentos que explicassem tais argumentações, a fim de que subsidiassem nossas colocações.

Após analisar cada situação aqui exposta, cada referência comentada, caberá a você tirar as próprias conclusões. Afinal, somos ou não manipulados pela mídia? Você concorda que o receptor da mensagem é agora um sujeito mais ativo? Que futuro nos espera? Os veículos de comunicação vão tomar novos rumos? Como esses veículos têm adaptado suas linguagens às exigências e modificações que ocorreram com o advento das tecnologias?

É claro, você certamente não terá respostas para todas essas perguntas ou para muitas outras que ainda estão por vir. Porém, uma coisa é certa: a comunicação não é estável e novidades deverão surgir nos próximos capítulos dessa história. Portanto, observe, analise, critique e, principalmente, estude. E lembre-se: somos todos eternos aprendizes neste cenário mutável da comunicação.

Referências

AGRELA, L. Kodak lança aplicativo retrô para imprimir fotos. **Exame**, 7 jul. 2016. Tecnologia. Disponível em: <https://exame.abril.com.br/tecnologia/kodak-lanca-aplicativo-retro-para-imprimir-fotos/>. Acesso em: 30 ago. 2018.

AMARAL, L. **Jornalismo, matéria de primeira página**. Rio de Janeiro: Tempo Brasileiro, 1967. (Temas de Todo Tempo, v. 6).

AMARAL, S. Teoria da comunicação: emissor, mensagem e receptor. **UOL**, 31 jul. 2005. Pesquisa Escolar. Disponível em: <https://educacao.uol.com.br/disciplinas/portugues/teoria-da-comunicacao-emissor-mensagem-e-receptor.htm>. Acesso em: 31 ago. 2018.

AMORIM, C. R. T. C. Imprensa/mídia alternativa: uma reflexão sobre o tema. In: CONGRESSO NACIONAL DE HISTÓRIA DA MÍDIA, 5., 2007, São Paulo. **Anais...** São Paulo: Intercom, 2007. Disponível em: <http://www.ufrgs.br/alcar/encontros-nacionais-1/encontros-nacionais/5o-encontro-2007-1/ImprensaMidia%20Alternativa%20Uma%20reflexao%20sobre%20o%20tema.pdf>. Acesso em: 4 set. 2018.

ARANHA, M. L. de A. **Filosofia da educação**. São Paulo: Moderna, 2006.

ARAÚJO, W. O poder de persuasão da mídia. **Observatório da Imprensa**, 2 nov. 2010. Entre Aspas. Disponível em: <http://observatoriodaimprensa.com.br/imprensa-em-questao/o-poder-de-persuasao-da-midia/>. Acesso em: 31 ago. 2018.

ARENDT, H. **Origens do totalitarismo**. Tradução de Roberto Raposo. São Paulo: Companhia das Letras, 1989.

ARISTÓTELES. **Política**. Tradução de Mario da Gama Kury. Brasília: Ed. da UnB, 1997.

BACCEGA, M. A. Comunicação/educação: lugar de formação crítica, de disputa pela hegemonia dos significados e da práxis da comunicação. In: BARBOSA, M.; FERNANDES, M.; MORAIS, O. J. de. (Org.). **Comunicação, educação e cultura na era digital**. São Paulo: Intercom, 2009. (Coleção Intercom de Comunicação, n. 23). p. 239-253.

BAKHTIN, M. **Estética da criação verbal**. Tradução de Maria Ermantina Galvão G. Pereira. São Paulo: M. Fontes, 2003.

BARBOSA, M.; FERNANDES, M.; MORAIS, O. J. de. (Org.). **Comunicação, educação e cultura na era digital**. São Paulo: Intercom, 2009. (Coleção Intercom de Comunicação, n. 23).

BARROS FILHO, C. de. **Ética na comunicação**: da informação ao receptor. São Paulo: Moderna, 1995.

BAUMAN, Z. **A cultura no mundo líquido moderno**. Rio de Janeiro: Zahar, 2013.

BERGER, C.; SCHWAAD, R. Escola Latino-Americana de Comunicação. In: CITELLI, A. et al. (Org.). **Dicionário de comunicação**: escolas, teorias e autores. São Paulo: Contexto, 2014. p. 200-209.

BIANCO, N. R. del. O tambor tribal de McLuhan. In: MEDITSCH, E. (Org.). **Teorias do rádio**: textos e contextos. Florianópolis: Insular, 2005. v. 1. p. 153-162.

BORGES, T. Redes sociais foram o combustível para as revoluções no mundo árabe. **Opera Mundi**. 4 jan. 2012. Disponível em: <https://operamundi.uol.com.br/noticia/18943/redes-sociais-foram-o-combustivel-para-as-revolucoes-no-mundo-arabe>. Acesso em: 21 ago. 2018.

BOSI, A. **Dialética da colonização**. São Paulo: Companhia das Letras, 1992.

BRANDÃO, C. R. Vocação de criar: anotações sobre a cultura e as culturas populares. **Cadernos de Pesquisa**, São Paulo, v. 39, n. 138, p. 715-746, set./dez. 2009. Disponível em: <http://www.scielo.br/pdf/cp/v39n138/v39n138a03.pdf>. Acesso em: 4 set. 2018.

BRANT, J. Por que e como se limita a propriedade cruzada. **Observatório do direito à comunicação**. 31 jan. 2011. Disponível em: <http://www.intervozes.org.br/direitoacomunicacao/?p=25290>. Acesso em: 3 set. 2018.

BRASIL registra segundo maior índice de confiança na mídia. Época, Negócios, 29 jun. 2017. Disponível em: <https://epocanegocios.globo.com/Mundo/noticia/2017/06/brasil-registra-segundo-maior-indice-de-confianca-na-midia.html>. Acesso em: 21 ago. 2018.

BRASIL. Secretaria de Comunicação Social da Presidência da República. **Cerca de 48% dos brasileiros usam internet regularmente**. 19 dez. 2017a. Disponível em: <http://www.brasil.gov.br/governo/2014/12/cerca-de-48-dos-brasileiros-usam-internet-regularmente>. Acesso em: 3 set. 2018.

BRIGGS, A.; BURKE, P. **Uma história social da mídia**: de Gutenberg à internet. Tradução de Maria Carmelita Pádua Dias. Rio de Janeiro: Zahar, 2016.

BURKE, P. Peter Burke: "Você não sabe mais que seus ancestrais". **Época**, 16 maio 2017. Entrevista concedida Flávia Yuri Oshima. Disponível em: <https://epoca.globo.com/educacao/noticia/2017/05/peter-burke-voce-nao-sabe-mais-que-seus-ancestrais.html>. Acesso em: 30 ago. 2018.

CALOGERAS, L. George Orwell, a Revolução dos bichos e a Revolução Russa. **Mistérios do Mundo**, 6 jan. 2017. Disponível em: <https://misteriosdomundo.org/george-orwell-revolucao-dos-bichos-e-revolucao-russa/>. Acesso em: 31 ago. 2018.

CANÁRIO, R. **A escola tem futuro?**: das promessas às incertezas. Porto Alegre: Artmed, 2006.

CANCLINI, N. G. **Culturas híbridas**: estratégias para entrar e sair da modernidade. São Paulo: Edusp, 2006.

_____. **Diferentes, desiguales y desconectados**: mapas de la interculturalidad. Barcelona: Gedisa, 2004.

_____. El malestar en los estudios culturales. **Fractal**, México, v. 2, n. 6, ano 2, p. 45-60, jul./set. 1997. Disponível em: <http://www.mxfractal.org/F6cancli.html>. Acesso em: 4 set. 2018.

CASTELLS, M. **La era de la información**: economía, sociedad y cultura. Madrid: Alianza, 1994.

_____. **Redes de indignação e esperança**: movimentos sociais na era da internet. Tradução de Carlos Alberto Medeiros. Rio de Janeiro: Zahar, 2017.

CATANI, A. M. **O que é capitalismo**. São Paulo: Brasiliense, 2011.

CERATTI, M. K. Quando você vai à escola, o que aprende? **El País**, 26 out. 2017. Disponível em: <https://brasil.elpais.com/brasil/2017/10/25/internacional/1508886607_063266.html?id_externo_rsoc=FB_BR_CM>. Acesso em: 21 ago. 2018.

CETIC. Disponível em: <http://cetic.br/publicacoes/indice/>. Acesso em: 21 ago. 2018.

CHARAUDEAU, P. **Discurso das mídias**. Tradução de Ana M. S. Corrêa. São Paulo: Contexto, 2012.

CHARTIER, R. Do códige ao monitor: a trajetória do escrito. **Estudos Avançados**, São Paulo, v. 8, n. 21, p. 185-199, maio/ago. 1994. Disponível em: <http://www.revistas.usp.br/eav/article/view/9669/11239>. Acesso em: 30 ago. 2018.

CITELLI, A. **Comunicação e educação**: a linguagem em movimento. 3. ed. São Paulo: Senac, 2004.

_____. **Palavras, meios de comunicação e educação**. São Paulo: Cortez, 2006.

COELHO, F. Mario Kaplún: a comunicação educativa por uma sociedade mais democrática. In: CONGRESSO BRASILEIRO DE CIÊNCIAS DA COMUNICAÇÃO, 32., 2009, Curitiba. **Anais...** São Paulo: Intercom, 2009. Disponível em: <http://www.intercom.org.br/papers/nacionais/2009/resumos/R4-0275-1.pdf>. Acesso em: 4 set. 2018.

DEFLEUR, M. L.; BALL-ROKEACH, S. **Teorias da comunicação de massa**. Rio de Janeiro: J. Zahar, 1993.

DELAUNAY, G. J. Convergência tecnológica, divergências pedagógicas: algumas observações sobre os "Nativos Digitais" e a Escola. In: BARBOSA, M.; FERNANDES, M.; MORAES, O. J. de. **Comunicação, educação e cultura na era digital**. São Paulo: Intercom, 2009.

DOWNING, J. D. H. **Mídia radical**: rebeldia nas comunicações e movimentos sociais. São Paulo: Senac, 2002.

DOWNING, J. D. H. Entrevista com John Downing. **Revista Famecos**, Porto Alegre, n. 38, p. 5-9, abr. 2009. Entrevista concedida a Patrícia Wittenberg Cavalli. Disponível em: <http://revistaseletronicas.pucrs.br/ojs/index.php/revistafamecos/article/viewFile/5293/3864>. Acesso em: 4 set. 2018.

DUARTE, R. **Cinema e educação**. Belo Horizonte: Autêntica, 2002.

FOLHA DE S.PAULO. **Linha editorial**. Disponível em: <https://www1.folha.uol.com.br/institucional/linha_editorial.shtml>. Acesso em: 3 set. 2018.

FOSCHINI, A. C.; TADDEI, R. R. **Jornalismo cidadão**. Você faz a notícia. 2006. (Coleção Conquiste a Rede). Disponível em: <http://www.terra.com.br/informatica/pdfs/conquiste_a_rede_jornalismo_cidadao.pdf>. Acesso em: 3 set. 2018.

FREIRE, P. **Educação como prática da liberdade**. 31. ed. Rio de Janeiro: Paz e Terra, 2008.

_____. **Pedagogía del oprimido**. Montevideo: Tierranueva, 1967.

FREIRE, P. **Pedagogia do oprimido**. Rio de Janeiro: Paz e Terra, 1997.

GADOTTI, M. **Comunicação docente**. 3. ed. São Paulo: Loyola, 1985.

HAMBURGER, E. Televisão. In: CITELLI, A. et al. (Org.). **Dicionário de comunicação**: escolas, teorias e autores. São Paulo: Contexto, 2014.

HJARVARD, S. **A midiatização da cultura e da sociedade**. Tradução de André de G. Vieira. São Leopoldo: Ed. Unisinos, 2014.

HOUAISS, A.; VILLAR, M. de S. **Dicionário eletrônico Houaiss da língua portuguesa**. versão 3.0. Rio de Janeiro: Instituto Antônio Houaiss; Objetiva, 2009. 1 CD-ROM.

JENKINS, H. **Cultura da convergência**. São Paulo: Aleph, 2006.

JENKINS, H.; GREEN, J.; FORD, S. **Cultura da conexão**: criando valor e significado por meio da mídia programável. São Paulo: Aleph, 2014.

JORNAIS têm mais credibilidade, revela pesquisa do Ibope. **Época**, 13 jan. 2017. Negócios. Disponível em: <https://epocanegocios.globo.com/Brasil/noticia/2017/01/epoca-negocios-jornais-tem-mais-credibilidade-revela-pesquisa-do-ibope.html>. Acesso em: 30 ago. 2018.

JUSTAMAND, M. As comunicações e as relações sociais nas pinturas rupestre. **Anuário de Arqueologia**, Rosário, v. 7, p. 51-62, 2015. Disponível em: <https://rephip.unr.edu.ar/bitstream/handle/2133/5039/Justamand.pdf?sequence=3&isAllowed=y>. Acesso em: 2 set. 2018.

KANT, I. **Resposta à pergunta: "O que é o Iluminismo?"**. Tradução de Artur Morão. Disponível em: <http://www.lusosofia.net/textos/kant_o_iluminismo_1784.pdf>. Acesso em: 21 ago. 2018.

KAPLÚN, M. **Comunicación entre grupos**: el método del Cassette-Foro. Ottawa: Centro Internacional de Investigaciones para el Desarrollo, 1984.

KUNCZIK, M. **Conceitos de jornalismo**. São Paulo: Edusp, 2002.

LADEIRA, F. F. A mídia realmente tem o poder de manipular as pessoas? **Observatório da Imprensa**, 14 abr. 2015. Disponível em: <http://observatoriodaimprensa.com.br/imprensa-em-questao/a-midia-realmente-tem-o-poder-de-manipular-as-pessoas/>. Acesso em: 3 set. 2018.

LAGE, N. **Ideologia e técnica da notícia**. Petrópolis: Vozes, 1979.

LEMOS, A. Tecnologia e cibercultura. In: CITELLI, A. et al. (Org.). **Dicionário de comunicação**: escolas, teorias e autores. São Paulo: Contexto, 2014. p. 412-429.

LÉVY, P. **Cibercultura**. São Paulo: Ed. 34, 1999.

_____. Pierre Lévy comenta os protestos no Brasil: "Uma consciência surgiu: seus frutos virão a longo prazo". **O Globo**, 26 jun. 2013. Entrevista concedida a André Miranda. Disponível em: <https://oglobo.globo.com/cultura/pierre-levy-comenta-os-protestos-no-brasil-uma-consciencia-surgiu-seus-frutos-virao-longo-prazo-8809714#ixzz4ukpEPeg4>. Acesso em: 5 set. 2018.

LIPOVETSKY, G.; SERROY, J. **A estetização do mundo**: viver na era do capitalismo artista. São Paulo: Companhia da Letras, 2015.

MAIA, G. 27 de março: uma data a ser lembrada. **Unifolha**, 1º abr. 2016. Disponível em: <http://ww2.uniderp.br/unifolha/lernoticia.aspx?id_noticia=8681>. Acesso em: 31 ago. 2018.

MAQUIAVEL, N. **O príncipe**. 12. ed. São Paulo: Edipro, 2015.

MARCONI, P. **A censura política na imprensa brasileira**: 1968-1978. São Paulo: Global, 1980.

MARSHALL, L. **O jornalismo na era da publicidade**. São Paulo: Summus, 2003.

MARTÍN-BARBERO, J. **A comunicação na educação**: São Paulo: Contexto, 2014a.

_____. Desafios culturais: da comunicação à Educomunicação. In: CITELLI, A. O.; COSTA, M. C. C. **Educomunicação**: construindo uma nova área de conhecimento. São Paulo: Paulinas, 2011. p. 121-134.

_____. **Dos meios às mediações**: comunicação, cultura e hegemonia. Rio de Janeiro: Ed. UFRJ, 2009.

_____. **Ofício de cartógrafo**: travessias latino-americanas da comunicação na cultura. São Paulo: Loyola, 2002.

MASLOW, A. A. **Introdução à psicologia do ser**. Tradução de Álvaro Cabral. Rio de Janeiro: Eldorado, 1968.

MCADAMS, M. **Cyberspace**: Two Flavors. 2008. Disponível em: <http://mindymcadams.com/cybermedia/cyberspace.htm>. Acesso em: 31 ago. 2018.

MCLUHAN, M. **Understanding Media**: the Extensions of Man. Cambridge: The MIT Press, 1964.

MEDIA OWNERSHIP MONITOR. **Brazil**. Disponível em: <https://www.mom-rsf.org/en/countries/brazil/>. Acesso em: 31 ago. 2018.

MEDITSCH, E. (Org.). **Teorias do rádio**: textos e contextos. Florianópolis: Insular, 2005.

NASSAR, P. Marshall McLuhan. In: CITELLI, A. et al. (Org.). **Dicionário de comunicação**: escolas, teorias e autores. São Paulo: Contexto, 2014.

NEMES, A. 175 anos de fotografia: conheça a história dessa forma de arte. **Tecmundo**, 22 ago. 2014. Disponível em: <https://www.tecmundo.com.br/fotografia-e-design/60982-175-anos-fotografia-conheca-historia-dessa-forma-arte.htm>. Acesso em: 5 set. 2018.

OLIVEIRA, M. K de. **Vygotsky**: aprendizado e desenvolvimento – um processo sócio-histórico. 4 ed. São Paulo: Scipione, 1999. (Pensamento e Ação no Magistério).

ONGARO, V. **Rádio-escola como prática de uma educação libertadora**: estudo de caso no Centro de Socioeducação Curitiba. 134 f. Dissertação (Mestrado em Educação) – Universidade Federal do Paraná, Curitiba, 2011. Disponível em: <http://www.ppge.ufpr.br/teses/M11_Viviane%20Ongaro.PDF>. Acesso em: 31 ago. 2018.

OROZCO, G. **Educomunicação**. Recepção midiática, aprendizagem e cidadania. São Paulo: Paulinas, 2014.

PASTI, A. et al. **Globo, Band, Record, RBS e Folha dominam a mídia no Brasil**. 31 out. 2017. Disponível em: <http://www.reformapolitica.org.br/noticias/comunicacao/2233-globo-band-record-rbs-e-folha-dominam-a-midia-no-brasil.html>. Acesso em: 31 ago. 2018.

PENA, F. **Teoria do Jornalismo**. São Paulo: Contexto, 2008.

PEREZ, L. Quem matou Eloá?: a mídia e a violência contra a mulher. **Carta Capital**, 28 out. 2016. Sociedade, Violência de gênero. Entrevista concedida a Ingrid Matuoka. Disponível em: <https://www.cartacapital.com.br/sociedade/quem-matou-eloa-a-midia-e-a-violencia-contra-a-mulher>. Acesso em: 5 set. 2018.

PÉREZ GÓMEZ, A. **Educação na era digital**: a escola educativa. Porto Alegre: Penso, 2015.

PRENSKI, M. Digital Natives Digital Immigrants. In: _____. On the Horizon, **NCB University Press**, v. 9, n. 5, Oct. 2001.

RAMONET, I. **O quinto poder**. 2003. Disponível em: <http://www.economiabr.net/2003/11/02/oquintopoder.html>. Acesso em: 3 set. 2018.

RELATÓRIO do Banco Mundial mostra disparidades entre estudantes ricos e pobres globalmente. **OnuBR**. 27 out. 2017. Disponível em: <https://nacoesunidas.org/relatorio-do-banco-mundial-mostra-disparidades-entre-estudantes-ricos-e-pobres-globalmente/>. Acesso em: 4 set. 2018.

REUTERS. "Mais do que nunca, a fotografia tem futuro", diz Sebastião Salgado. **O Globo**, 2 fev. 2017. Disponível em: <https://oglobo.globo.com/cultura/artes-visuais/mais-do-que-nunca-fotografia-tem-futuro-diz-sebastiao-salgado-20907038>. Acesso em: 31 ago. 2018.

REVOLUÇÃO FRANCESA. Disponível em: <http://revolucao-francesa.info/>. Acesso em: 5 set. 2018.

REZ, R. Pirâmide de Maslow: hierarquia de necessidades do consumidor. **Nova Escola de Marketing**, 2 fev. 2016. Disponível em: <https://novaescolademarketing.com.br/marketing/piramide-de-maslow/>. Acesso em: 21 ago. 2018.

RODRIGUES, L. de O. Modernidade líquida. **Mundo Educação**. Disponível em: <https://mundoeducacao.bol.uol.com.br/sociologia/modernidade-liquida.htm>. Acesso em: 3 set. 2018.

ROSA, M. **A era do escândalo**: lições, relatos e bastidores. São Paulo: Geração Editorial, 2007.

ROUSSEAU, J.-J. **Discurso sobre a origem e os fundamentos da desigualdade entre os homens**. Brasília: Ed. UnB; São Paulo: Ática, 1989.

RUBLESCKI, A. Teorias do jornalismo: questões exploratórias em tempos pós-massivos. In: CONGRESSO BRASILEIRO DE CIÊNCIAS DA COMUNICAÇÃO, 33., 2010, Caxias do Sul. **Anais...** São Paulo: Intercom, 2010. Disponível em: <http://www.intercom.org.br/papers/nacionais/2010/resumos/R5-1220-1.pdf>. Acesso em: 3 set. 2018.

SALVADOR, R. **A era do radioteatro**: o registro da história de um gênero que emocionou o Brasil. Rio de Janeiro: Gramma, 2017.

SANTAELLA, L. **Culturas e artes do pós-humano**: da cultura das mídias à cibercultura. 2. ed. São Paulo: Paulus, 2004.

SANTOS, E. **Marshall McLuhan**: o meio é a mensagem. 10 maio 2013. Disponível em: <https://digartmedia.wordpress.com/2013/05/10/marshall-mcluhan-o-meio-e-a-mensagem/>. Acesso em: 29 ago. 2018.

SANTOS, R. E. **As teorias da comunicação**: da fala à internet. São Paulo: Paulinas, 2013.

SILVA, A. G. da. **Rousseau e o caminho tortuoso da humanidade e da igualdade natural à desigualdade civil**. 106 f. Dissertação (Mestrado em Filosofia) – Universidade Federal de Uberlândia, Uberlândia, 2014. Disponível em: <https://repositorio.ufu.br/bitstream/123456789/15603/1/RousseauCaminhoTortuoso.pdf>. Acesso em: 2 set. 2018.

SILVA, J. C. da. Filosofia da linguagem (1): da torre de Babel a Chomsky. **UOL**, 15 ago. 2007. Educação, Pesquisa Escolar, Filosofia. Disponível em: <https://educacao.uol.com.br/disciplinas/filosofia/filosofia-da-linguagem-1-da-torre-de-babel-a-chomsky.htm>. Acesso em: 5 set. 2018.

SODRÉ, M. **A ciência do comum**: notas para o método comunicacional. Petrópolis: Vozes, 2014.

_____. **Reinventando a educação**: diversidade, descolonização e redes. Petrópolis: Vozes, 2012.

SODRÉ, N. W. **História da imprensa no Brasil**. Rio de Janeiro: Mauad, 1999.

STASIAK, D.; BARICHELLO, E. M. R. Midiatização, identidades e cultura na contemporaneidade. **Contemporânea**, n. 9, p. 107-117, 2007. Disponível em: <http://www.contemporanea.uerj.br/pdf/ed_09/contemporanea_n9_107_stasiak_barichello.pdf>. Acesso em: 4 set. 2018.

TRAQUINA, N. **Teorias do jornalismo**: porque as notícias são como são. Florianópolis: Insular, 2005.

TRIGUEIRO, O. O estudo científico da comunicação: avanços teóricos e metodológicos ensejados pela escola latino-americana. **Pensamento Comunicacional Latino-Americano**, v. 2, n. 2, jan./mar. 2001.

VILELA, F. IBGE: 40% dos brasileiros têm televisão digital aberta. **Agência Brasil**. 6 abr. 2016. Disponível em: <http://agenciabrasil.ebc.com.br/geral/noticia/2016-04/ibge-embardada-ate-amanha-10h-0604>. Acesso em: 31 ago. 2018.

VIRGÍLIO, P. Primeira transmissão de rádio no Brasil completa 90 anos. **EBC**, 7 set. 2012. Disponível em: <http://www.ebc.com.br/2012/09/primeira-transmissao-de-radio-no-brasil-completa-90-anos>. Acesso em: 31 ago. 2018.

WOLF, M. **Teorias das comunicações de massa.** São Paulo: M. Fontes, 2003.

WOLTON, D. **É preciso salvar a comunicação**. São Paulo: Paulus, 2006.

Bibliografia comentada

Agora que você já leu este livro e conhece um pouco mais sobre a análise crítica das mídias e suas narrativas, sugerimos algumas leituras que consideramos importantes. Elas servirão para aprofundar ainda mais seus conhecimentos a respeito dos assuntos abordados nesta obra.

BRIGGS, A.; BURKE, P. **Uma história social da mídia**: de Gutenberg à internet. Rio de Janeiro: Zahar, 2016.

Publicado em 2016, o livro foca nas mudanças ocorridas nos meios de comunicação nos últimos séculos. Além disso, permite ao leitor se transportar ao contexto social no qual esse veículo de comunicação surgiu.

CITELLI, A. et al. (Org.). **Dicionário de comunicação**: escolas, teorias e autores. São Paulo: Contexto, 2014.

Esse dicionário é compreensivo, crítico e histórico. A obra está dividida em 65 verbetes classificados em ordem alfabética e categorizados em três tipos: escolas de comunicação; teorias da comunicação; e autores que contribuíram para os estudos do campo comunicacional. Há também um capítulo metodológico que, segundo os autores, permite ao leitor fazer uso das principais referências teóricas do campo.

MORIN, E. **Ciência com consciência**. Rio de Janeiro: Bertrand, 2010.

Em sua obra, Morin analisa nossa era com seus desenvolvimentos científicos e tecnológicos e mostra como a ciência está mudando no decorrer dos anos. O autor aborda problemas éticos e morais, alertando ainda sobre a manipulação por meio do desenvolvimento das tecnociências. Para Morin, é preciso um novo paradigma que faça emergir a compreensão da realidade na qual a humanidade está inserida.

SODRÉ, M. **A ciência do comum**: notas para o método comunicacional. Petrópolis: Vozes, 2014.

A obra retrata o pensamento e a velocidade que transformam as relações na era contemporânea. O autor fala sobre a comunicação instantânea, a simultaneidade e o global que refazem a geografia do planeta, deslocando os sujeitos e os objetos de suas posições tradicionais.

CHARAUDEAU, P. **Discurso das mídias**. São Paulo: Contexto, 2012.

Charaudeau mostra a linguagem racional e sedutora das mídias. No livro, o autor debate a relação da mídia com a construção do espellho social e questiona a ideologia dos veículos de comunicação, que, muitas vezes, divulgam informações a qualquer preço. O autor ainda destaca a responsabilidade da mídia e do próprio cidadão nesse processo.

HJARVARD, S. **A midiatização da cultura e da sociedade**. São Leopoldo: Ed. Unisinos, 2014.

O livro traz um panorama teórico do processo de midiatização. Traçando um paralelo entre as velhas e as novas mídias, o autor mostra como os meios influenciam a interação humana, as instituições sociais e o imaginário cultural.

JENKINS, H.; GREEN, J.; FORD, S. **Cultura da conexão**: criando valor e significado por meio da mídia programável. São Paulo: Aleph, 2014.

Analisando o cenário de transição no universo da comunicação, os autores tratam das mudanças no cenário midiático que transformaram o público de consumidor em um verdadeiro agente criador de valor e significado.

WOLTON, D. **É preciso salvar a comunicação**. São Paulo: Paulus, 2006.

Essa obra mostra como a comunicação se tornou mercadoria e objeto de disputa no universo capitalista. Wolton propõe que se respeite o contato que une emissor, mensagem e comunicação, uma ideia evidente já no título da obra, que propõe uma forma de resgate da comunicação.

GREGOLIN, M. do R. (Org.). **Discurso e mídia**: a cultura do espetáculo. São Carlos: Claraluz, 2003.

O livro aborda a espetacularização da cultura partindo do viés da participação dos meios de comunicação nesse processo. Composto de um conjunto de artigos, a obra busca analisar o papel da mídia na produção e na circulação dos sentidos.

MAMOU, Y. **A culpa é da imprensa!**: Ensaio sobre a fabricação da informação. São Paulo: Marco Zero, 1992.

O livro aborda a manipulação da informação do ponto de vista da fonte que, segundo o autor, pode transmitir dados incompletos ou mesmo informações distorcidas ou falsas. Ao modificar a naturalidade dos fatos, a fonte pode contribuir para alterar a ordem dos acontecimentos. Informações "plantadas" destroem a credibilidade e fazem o profissional de comunicação cair em descrédito.

MAQUIAVEL, N. **O príncipe**. São Paulo: Edipro, 2015.

Essa é a uma leitura obrigatória para entender o poder da persuasão. Escrito no século XVI, a obra busca dar lições ao príncipe de como manter o poder e o controle, usando, para isso, sutileza, astúcia e até mesmo crueldade. É um verdadeiro manual de conduta para aqueles que centralizam o poder.

MARCONDES FILHO, C. **Para entender a comunicação**: contatos antecipados com a nova teoria. São Paulo: Paulus, 2009.

Marcondes Filho propõe inovações no conceito de *comunicação* e novas formas de pesquisa. O autor ainda faz uma análise das teorias clássicas dessa área, revendo a conceituação estabelecida. Aborda também a presença e a atuação do receptor da mensagem no processo comunicacional.

PÉREZ GÓMEZ, A. **Educação na era digital**: a escola educativa. Porto Alegre: Penso, 2015.

A obra tem, em seu eixo central, reflexões sobre como formar uma personalidade educativa, capaz de enfrentar com autonomia o universo de possibilidades, riscos e desafios do mundo globalizado. O autor, professor da Universidade de Málaga, na Espanha, abrange em seu trabalho a forma de aprender e educar na era digital, abordando a cultura curricular, as novas formas de aprender e avaliar a aprendizagem, bem como os novos cenários e ambientes educativos.

SANTAELLA, L. **Comunicação ubíqua**: repercussões na cultura e na escola. São Paulo: Paulus, 2013.

O tema desse trabalho de Santaella são as formas de inter-relação entre as tecnologias informacionais e comunicacionais, bem como as dimensões sociais e subjetivas dos seres humanos. A autora trata das transformações da sociedade e da presença de uma comunicação ubíqua feita por aparelhos e dispositivos móveis cada dia mais sofisticados. Santaella ainda traz para discussão assuntos atuais, como o uso de *games* na educação, os novos paradigmas da aprendizagem, a ubiquidade da vida *on-line* e a aprendizagem nos ambientes das redes sociais.

SIBILIA, P. **Redes ou paredes**: a escola em tempos de dispersão. Rio de Janeiro: Contraponto, 2012.

Nesse livro, a argentina Sibilia levanta questionamentos sobre a real função da escola e indaga: Será que as instituições de ensino se tornaram obsoletas? A obra enfoca o novo momento em que vive a sociedade contemporânea e os sujeitos presentes num universo escolar cada dia mais conectado. O texto ainda traz elementos que explicam o atual cenário pelo qual passa a educação.

SODRÉ, M. **Reinventando a educação**: diversidade, descolonização e redes. Petrópolis: Vozes, 2012.

O autor faz importantes reflexões sobre os vários tipos de saberes, as novas tecnologias e as transformações processadas pelo capitalismo. O autor tenta explicar como a educação está inserida nesse contexto e quais desafios a pedagogia e a educação enfrentam com essa nova realidade.

CASTELLS, M. **Redes de indignação e esperança**: movimentos sociais na era da internet. Rio de Janeiro: Zahar, 2017.

Ao analisar as recentes revoltas populares (Primavera Árabe, Revoluções na Tunísia e em outros países do Oriente Médio e norte da África), Castells traça um paralelo entre os acontecimentos históricos, a relação da política e o papel das novas mídias em todo esse processo. O autor destaca a dinâmica das redes sociais e as divulgações autônomas dos acontecimentos. O livro retrata a partilha, bem como a troca de informações possibilitada pelo uso das tecnologias, que criaram um modelo de participação cidadã. Castells ainda traz o questionamento sobre o que efetivamente impulsionou as mobilizações de massa pelo mundo.

DOWNING, J. D. H. **Mídia radical**: rebeldia nas comunicações e movimentos sociais. São Paulo: Senac, 2002.

Em seu trabalho, Downing discute como grupos de oposição utilizam a mídia e, sobretudo, lutam pela transformação social. O autor apresenta um histórico da mídia radical, passando pela dança, pelo grafite, pelo vídeo e pela internet. Aborda ainda a arte performática e a presença da rádio clandestina. Destaca o papel da mídia antifascista em Portugal, da mídia radical na Itália, da rádio comunitária nos Estados Unidos e até mesmo o papel da mídia clandestina na dissolução de ditaduras do bloco soviético. O livro abrange conceitos de cultura, audiência, poder, hegemonia, movimentos sociais, comunicação e democracia, além da mídia radical e do diálogo.

PEREIRA FILHO, F. J. **Caros amigos e o resgate da imprensa alternativa no Brasil**. São Paulo: Annablume, 2004.

Num período em que o jornalismo está em crise, Pereira Filho debate sobre o resgate da alma jornalística e a importância de dar sentido público à informação. O autor identifica na publicação da revista *Caros amigos* uma imprensa alternativa que busca a prática da grande reportagem e a valorização do jornalismo literário.

WOITOWICZ, K. J. (Org.). **Recortes da mídia alternativa**: histórias e memórias da comunicação no Brasil. Ponta Grossa: Ed. UEPG, 2009.

O livro apresenta estudos realizados pelo Grupo de Trabalho de História da Mídia Alternativa da Rede Alfredo de Carvalho. O trabalho, realizado entre 2005 e 2007, reúne 22 artigos, divididos em 4 capítulos. Os autores buscam contar histórias por meio da mídia alternativa promovendo um resgate de veículos cuja linha editorial estava voltada à resistência. Ali são abordados temas, características e conceitos envolvendo a mídia alternativa.

Respostas

Capítulo 1

1) e
2) a
3) a
4) a
5) Após o surgimento da prensa, os livros, antes considerados caríssimos e inacessíveis para boa parte da população, passaram a ser de acesso público. Embora o invento tenha sido guardado por algum tempo (em razão de interesses de grupos que queriam manter a dominação total do conhecimento), em 1483, todos os países europeus já tinham pelo menos uma máquina de impressão.
Aproximadamente 50 anos após a primeira impressão feita por Gutenberg, os livros começaram a ser disponibilizados não apenas em latim, mas nos idiomas locais. A impressão serviu ainda para estimular a alfabetização. O invento de Gutenberg foi tão significativo que contribuiu para alavancar a Reforma Protestante e o Renascimento.
6) Para o estudioso canadense, assim como um simples equipamento manual é a extensão das mãos do homem, os meios de comunicação de massa são extensões do sentido do ser humano.

Capítulo 2

1) a
2) a
3) b
4) b
5) **Cultura**: Existem três sentidos para a palavra. O francês remete à ideia de obra e de criação. O sentido alemão integra os símbolos, os valores, as representações. O anglo-saxão leva em conta os modos de viver, os estilos, os conhecimentos cotidianos. Há pouco tempo, ainda havia oposição entre a cultura de elite e a popular. Com a elevação do nível de vida e da educação, surgem outros tipos de concepção de cultura: a cultura de **massa** (de grande público) e a **média** (ligada aos movimentos de afirmação de identidades culturais) (Wolton, 2006).
Cultura de massa: Conjunto de meios massivos de comunicação. Entretanto, para Jesús Martín-Barbero (2009), um dos maiores expoentes nos estudos culturais contemporâneo, a perspectiva histórica rompe com essa concepção e mostra o que se passa na cultura, quando as massas emergem. Para a cultura de massa, segundo o autor, "a publicidade não é somente a fonte mais vasta de seu financiamento, mas uma força que produz seu encantamento" (Martín-Barbero, 2009, p. 197).
Indústria cultural: Termo cunhado por Max Horkheimer (1895-1973) e Theodor Adorno (1903-1969), em 1947, que se refere à degradação da cultura em indústria de diversão. Para os autores, nada poderia ser arte se era indústria (Martín-Barbero, 2009, p. 89).
Cibercultura: Conjunto de saberes, hábitos e discursos (sociais, políticos, econômicos, históricos, artísticos).

"Assenta-se em três princípios: liberação do polo de emissão de informação; crescimento da conexão aberta e planetária; reconfiguração de práticas associadas à indústria cultural de massas. Deriva de processos dinâmicos, fruto de dimensões sociais e técnicas" (Lemos, 2014, p. 413).

Cibermídia: Conjunto de mídias digitais em ambiente híbridos, fixos ou móveis. Não se restringe ao plano virtual e está diretamente ligada a interfaces externas, como telefonia móvel, tecnologias *wireless, cibercenter* e *lan houses* (McAdams, 2008).

6) A sociedade vem experimentando uma liberdade na qual é possível escutar, ler e ver aquilo que se deseja. Essa nova realidade permite "aceitar, repensar, negociar a mensagem recebida" (2006, p. 32). Segundo o autor, os indivíduos aprenderam a resistir. Portanto, "o receptor não é facilmente manipulado pela mensagem. Endereçada a todo mundo, a mesma mensagem não é recebida da mesma maneira por todos" (2006, p. 33). Entretanto, Wolton afirma que o receptor ainda continua sendo o grande enigma da comunicação, um enigma de interesse crescente em virtude da globalização da informação e da comunicação.

Capítulo 3

1) a
2) a
3) a
4) d

5) **CATEGORIAS SUBSTANTIVAS**
   - Importância dos envolvidos
   - Quantidade de pessoas envolvidas
   - Interesse nacional
   - Interesse humano
   - Feitos excepcionais

   CATEGORIAS RELATIVAS AO PRODUTO
   - Brevidade – nos limites do jornal
   - Atualidade
   - Novidade
   - Organização interna da empresa
   - Qualidade – ritmo, ação dramática
   - Equilíbrio – diversificar assuntos

   CATEGORIAS RELATIVAS AO MEIO DE INFORMAÇÃO
   - Acessibilidade à fonte/ao local
   - Formatação prévia/manuais
   - Política editorial

   CATEGORIAS RELATIVAS AO PÚBLICO
   - Plena identificação de personagens
   - Serviço/interesse público
   - Protetividade (evitar suicídios)

   CATEGORIAS RELATIVAS À CONCORRÊNCIA
   - Exclusividade ou furo
   - Gerar expectativas
   - Modelos referenciais

6)

Teoria do espelho	Atrelada às mudanças na imprensa americana na segunda metade do século XIX. Notícias são vistas como espelho da realidade.
Gatekeeper	Também conhecida como *teoria da ação pessoal*, dá ênfase à percepção e à seleção individual do jornalista.
Teoria organizacional	Recai na notícia como relato resultante dos condicionantes organizacionais, como as hierarquias, as formas de socialização e aculturação dos jornalistas.
Teoria da ação política	Foco relevante dos estudos de jornalismo a partir dos anos 1970, tem como epicentro a relação entre jornalismo e sociedade. Debruça-se sobre as implicações políticas e sociais da atividade jornalística, o papel social das notícias e a capacidade do quarto poder de atender às enormes expectativas depositadas em si pela própria teoria democrática.
Teoria construcionista	Oposta à teoria do espelho, concebe como impossível os *media* simplesmente refletirem a realidade por meio das notícias, pelo fato de estas ajudarem a construir a realidade.
Teoria estruturalista	Confere ao jornalista autonomia relativa em relação ao controle econômico das empresas do setor. Salienta a relevância estrutural dos valores-notícias e da ideologia jornalística que delimitam rotineiramente os fatos noticiáveis, os eventos que adquirem o *status* de notícia.
Newsmaking	Reconhecimento da existência de condições na seleção e na construção dos acontecimentos a serem narrados para definir o produto do jornalismo.

Capítulo 4

1) a
2) e
3) b
4) e
5) O sociólogo e filósofo polonês Zygmunt Bauman (2013) explica que:
a "cultura" seria um agente da mudança do status quo e não de sua preservação; ou, mais precisamente, um instrumento de navegação para orientar a evolução social rumo a uma condição humana universal. O propósito inicial do conceito de "cultura" não era servir como registro de descrições, inventários e codificações da situação corrente, mas apontar um objetivo e uma direção para futuros esforços. (Bauman, 2013 p. 12)
6) Martín-Barbero ganhou destaque nos estudos culturais latino-americanos para a compreensão da recepção e sua contribuição para o processo de leitura crítica dos meios na educação. O autor trouxe à luz a análise do processo de comunicação por meio de uma visão antropológica da cultura. Os estudos de recepção desenvolvidos por ele levam em conta fatores de participação nas mensagens, de poder de produção e de bagagem cultural. O autor acredita que a comunicação é uma questão de mediações; nestas, o primordial não são os meios, mas as relações sociais que ocorrem no processo de recepção de mensagens.

Capítulo 5

1) b
2) a
3) d

4) e
5) Hjarvard (2014) explica que a midiatização da cultura vem atravessando todas as instituições sociais e culturais. Segundo o autor, a cada dia, necessitamos mais dos recursos midiáticos, até mesmo para construir relações sociais. Ele alerta para o papel da mídia nesse processo. As mídias, ao lado de outras instituições, estariam exercendo um papel cada vez mais independente.
6) A atitude desesperada de um jovem tunisiano chamado Mohamed Bouazizi, que ateou fogo ao próprio corpo após ter sua banca de frutas e legumes confiscada, foi o estopim para um dos maiores levantes populares do mundo árabe. Conhecido como *Primavera Árabe*, o movimento teve início em dezembro de 2010 e foi responsável pela derrubada de vários governos ditatoriais. Marrocos, Iêmen, Argélia e Omã, Arábia Saudita e Jordânia foram alguns dos países atingidos. Para determinados pesquisadores, o levante popular só foi possível graças às redes sociais. Foi pelas redes que a população teve conhecimento dos fatos e tomou as ruas.

Sobre a autora

Viviane Ongaro é graduada em Jornalismo pela Universidade Tuiuti do Paraná (UTP), mestre em Educação pela Universidade Federal do Paraná (UFPR) e doutoranda em Educação pela Universidade Federal de Santa Catarina (UFSC). Atuou durante 12 anos como repórter e pauteira na editora O Estado do Paraná. Há sete anos é professora universitária das Faculdades Opet e há cinco é docente do Ensino Fundamental II da Rede Marista de Solidariedade, onde ministra a disciplina de Educomunicação. É membra efetiva do Núcleo de Docente Estruturante (NDE) dos cursos de Tecnologia em Marketing e Produção Multimídia, além dos cursos de bacharelado em Publicidade e Propaganda e Jornalismo. É orientadora nos cursos de Jornalismo e Publicidade e Propaganda, sendo responsável pelas disciplinas de Teoria da Comunicação, Jornal Laboratório, Técnica de Entrevista e Reportagem e Comunicação Organizacional. Atua também como palestrante em cursos de extensão de *Media Training* e assessoria de comunicação. É pesquisadora das temáticas de metodologias ativas e de mídia-educação.

Os papéis utilizados neste livro, certificados por instituições ambientais competentes, são recicláveis, provenientes de fontes renováveis e, portanto, um meio **respons**ável e natural de informação e conhecimento.

FSC
www.fsc.org
MISTO
Papel produzido a partir de fontes responsáveis
FSC® C103535

Impressão: Reproset
Maio/2021